Kai Rugenstein

Übertragung

Viele Begriffe, die wir aus der Psychoanalyse kennen, blicken auf eine lange Geschichte zurück und waren zum Teil schon vor Freuds Zeit ein Thema. Einige Begriffe haben längst den Weg aus der Fachwelt hinaus in die Umgangssprache gefunden. Alle diese Begriffe stellen heute nicht nur für die Psychoanalyse, sondern auch für andere Therapieschulen zentrale Bezugspunkte dar.

Die Reihe »Analyse der Psyche und Psychotherapie« greift grundlegende Konzepte und Begrifflichkeiten der Psychoanalyse auf und thematisiert deren jeweilige Bedeutung für und ihre Verwendung in der Therapie. Jeder Band vermittelt in knapper und kompetenter Form das Basiswissen zu einem zentralen Gegenstand, indem seine historische Entwicklung nachgezeichnet und er auf dem neuesten Stand der wissenschaftlichen Diskussion erläutert wird.

Alle Autorinnen und Autoren sind ausgewiesene Fachleute auf ihrem Gebiet und können aus ihren langjährigen Erfahrungen in Klinik, Forschung und Lehre schöpfen. Die Reihe richtet sich in erster Linie an Psychotherapeutinnen und -therapeuten aller Schulen, aber auch an Studierende in Universität und Therapieausbildung.

Unter anderem sind bereits erschienen:

BAND 8 Ilka Quindeau: Sexualität. 2014.
BAND 9 Angelika Ebrecht-Laermann: Angst. 2014.
BAND 10 Hans-Dieter König: Affekte. 2014.
BAND 11 Bernhard Strauß: Bindung. 2014.
BAND 12 Ludwig Janus: Geburt. 2015.
BAND 13 Jürgen Grieser: Triangulierung. 2015.
BAND 14 Bernd Nissen: Hypochondrie. 2015.
BAND 15 Roland Voigtel: Sucht. 2015.
BAND 16 Joachim Küchenhoff: Depression. 2017.
BAND 17 Diana Pflichthofer: Trennungen. 2017.
BAND 18 Gianluca Crepaldi: Containing. 2018.
BAND 19 Thomas Auchter: Trauer. 2019.
BAND 20 Mathias Hirsch: Schuldgefühl. 2020.
BAND 21 Wolfgang Wöller: Dissoziation. 2020.
BAND 22 Timo Storck, Felix Brauner: Körpergefühl. 2021.
BAND 23 Petra Holler: Borderline. 2023.
BAND 24 Werner Köpp, Tabea A. Tillinger: Essstörungen. 2023.
BAND 25 Inge Seiffge-Krenke: Neid. 2024.

BAND 26 **ANALYSE DER PSYCHE UND PSYCHOTHERAPIE**

Kai Rugenstein

Übertragung

Psychosozial-Verlag

Bibliografische Information der Deutschen Nationalbibliothek
Die Deutsche Nationalbibliothek verzeichnet diese Publikation
in der Deutschen Nationalbibliografie; detaillierte bibliografische Daten
sind im Internet über http://dnb.d-nb.de abrufbar.

Originalausgabe

E-Mail: info@psychosozial-verlag.de
www.psychosozial-verlag.de

Umschlaggestaltung und Innenlayout nach Entwürfen
von Hanspeter Ludwig, Wetzlar
ISBN 978-3-8379-3227-0 (Print)
ISBN 978-3-8379-6244-4 (E-Book-PDF)
ISSN 2943-6222 (Print)
ISSN 2943-6230 (Online)

Inhalt

Einleitung: Übertragungen überall

Übertragungen sind allgegenwärtig. Etwas gelangt auf irgendeine Weise von einem Ort an einen anderen. So lautet die Grundstruktur der Übertragung. Dieses Etwas kann zum Beispiel ein Krankheitserreger sein, der von einem Erkrankten[1] auf einen Sich-Ansteckenden übertragen wird, oder ein Wort, das von einem Bedeutungszusammenhang in einen anderen gebracht und so in übertragenem Sinne verwendet wird, oder – wie in Abbildung 1 dargestellt – ein Vermögen, das von einem vorherigen auf einen neuen Besitzer übertragen wird. Die Übergabe von Papiergeld, die materialisierte Übertragung eines konkreten und zugleich hochgradig symbolisch aufgeladenen Etwas aus der Hand des Analysanden in jene des Analytikers, hat sich zwar aus vielen Analysen verflüchtigt und aus der handfesten Übereignung ist eine abstrakte Überweisung geworden. Doch das Senden von

Abbildung 1: Eine Psychoanalyse geht einher mit langjährigen Übertragungsprozessen (nach Bermont & Perl, 1964)

1 Unabhängig vom grammatikalischen Geschlecht sind hier und im Folgenden immer alle Geschlechter gemeint.

Daten von einem Bankcomputer zu einem anderen bleibt eine Gestalt der Übertragung: eine Übertragung von Information.

Übertragungsprozesse werden auch beim Lesen eines Fachbuchs wie diesem hier angeregt. Dabei geht es unter anderem um den »Lerntransfer« (Perkins & Salomon, 1994), um die gelingende Übertragung von in einer Lernsituation – wie dem Lesen – neu erworbenem Wissen auf eine von dieser Lernsituation verschiedene Anwendungssituation – zum Beispiel die psychotherapeutische Praxis. Doch ein Buch vermittelt nicht nur Wissen, sondern es unterbreitet immer auch das Angebot, mit ihm in Beziehung zu treten. Wir verstehen einen Text nicht lediglich als sachliche Darstellung einer Thematik, sondern immer auch als eine an uns, an seine Leserinnen und Leser, adressierte Botschaft; wir verstehen, dass ein Text nicht nur bestimmte Inhalte vermittelt (wie Fachwissen oder einen Plot), sondern dass er zugleich implizit etwas von uns zu »wollen« scheint (zum Beispiel uns unterhalten, uns erregen oder uns verwirren), ohne dass er explizit thematisiert, was dieses Etwas genau ist. So entstehen in uns Fantasien über einen Text und wir werden nicht nur sachlich-neutral informiert, sondern reagieren auch affektiv auf ihn.

Wir können nun auf das Angebot, das ein Text uns macht, mit angeregter Neugier antworten, können uns aber auch zurückgewiesen oder frustriert fühlen, weil ein Text uns rätselhaft bleibt oder weil er die Erwartungen zu enttäuschen scheint, mit denen wir ihn konsultierten. In der psychoanalytischen Literaturwissenschaft wurde vorgeschlagen, die Beziehungsszene, die sich in dieser Weise zwischen einem Text und seinen Leserinnen und Lesern gestaltet, analog zu jener zwischen Analytiker und Analysand zu verstehen, nämlich als Übertragung (Pietzcker, 1992; Angeloch, 2014). Dieser Vorschlag erweist sich wiederum selbst als eine Übertragung, nämlich als ein Konzepttransfer von der klinischen Psychoanalyse in die Kulturtheorie.

Im Vordergrund der Übertragung steht ein Prozess, dem gegenüber die an diesem Prozess beteiligten Akteure oder Akteurinnen in den Hintergrund rücken. Als ein *nomen actionis*, ein Verbalsubstantiv, rückt »Übertragung« das ursprünglich mit dem Verb »übertragen« bezeichnete Geschehen in den Fokus unserer Aufmerksamkeit. »Übertragung« verbindet dabei die Welt sinnlich-konkreter Alltagserfahrung (»einen Kasten Bier über die

Straße tragen«) mit der Welt abstrakter Konstrukte (»ein Amt an eine Nachfolgerin übertragen«), die Welt der exakten Naturwissenschaften (»eine Kraft von der Fahrradpedale über die Kette auf das Hinterrad übertragen«) mit der Welt der interpretierend-verstehenden Geisteswissenschaften (»einen Text in eine andere Sprache übertragen«).

In den gewählten Beispielen wird die Spannbreite deutlich, in der sich die Grundstruktur der Übertragung entfalten lässt: Ist das, was übertragen wird, Teil der stofflich-materiellen Realität – wie Papiergeld, Krankheitserreger oder ein Kasten Bier? Oder gehört das Übertragene – wie Botschaften, Wörter oder Ämter – einer fiktiven Realität an, zu der sich keinerlei materielles Substrat mehr finden lässt, obgleich sich die Folgen der Übertragung in der materiellen Realität zeigen können? Ist Übertragung – wie bei der Übertragung einer Krankheit – ein unpersönlicher Prozess (»etwas überträgt sich«), der einfach geschieht, vielleicht sogar gegen den Willen des Überträgers? Oder ist Übertragung – wie bei der Übertragung von wertvollem Eigentum oder von einem fremdsprachigen Text – etwas aktiv und willentlich vom Übertragenden Initiiertes? Ist nach vollzogener Übertragung das, was übertragen wurde, zugleich an jenem Ort, von dem es übertragen wurde, und an jenem Ort, zu dem hin es übertragen wurde – so wie eine übertragene Erkrankung oder transferiertes Wissen? Oder hat es – wie eine übertragene Kraft oder wie von Hand zu Hand übergebenes Geld – den Ort gewechselt und ist nun an einem anderen und nicht mehr an seinem ursprünglichen Ort?

Beim Gestaltenreichtum der Übertragung verwundert es nicht, wenn sich auch Psychoanalytikerinnen und Psychoanalytiker nicht recht einig werden wollen darüber, aufgrund welches Mechanismus Übertragungen genau zustande kommen oder was eigentlich – neben dem Honorar – in Analysen übertragen wird: Fantasien, Affekte, Repräsentanzen, Instanzen, Imagines früher Bezugspersonen, Objektbeziehungen, Selbstzustände, Triebe, unbewusste Wünsche, Abwehrstrukturen? Eines der ganz zentralen Konzepte der Psychoanalyse – ja, vielleicht neben dem Unbewussten das einzige psychoanalytische Konzept, über dessen Wichtigkeit sich die psychoanalytische Gemeinschaft gegenwärtig noch einig zu sein scheint – ist charakterisiert durch eine eigentümliche Verschwommenheit. Es entbehrt nicht einer gewissen

Ironie, wenn plurales psychodynamischen Denken und Handeln ausgerechnet in einem derart unscharfen Konzept wie der Übertragung einen »unifying focus« (Arundale & Bellamn, 2011) gefunden haben will.

Noch im Juni 1910 – die sogenannte »psychoanalytische Standardtechnik« war also bereits weitgehend entwickelt – seufzte Freud (1963a, S. 37) in einem Brief an den Schweizer Psychoanalytiker und Pfarrer Oskar Pfister: »Mit der Übertragung ist es ja überhaupt ein Kreuz […], da lassen einen die Regeln oft im Stiche.« In diesem Seufzen schwingt noch etwas von dem Rätselhaften, Befremdlichen und Irrationalen mit, mit welchem die Entdeckung der Übertragungsphänomene Analytikerinnen und Analytiker zunächst konfrontierte. Zum Ende seines Lebens fiel es Freud leichter, Regeln zu formulieren und seinen Schülerinnen und Schülern so mehr Orientierung vermitteln zu können als einst dem ihn brieflich um behandlungstechnischen Rat ersuchenden Pfister. So lesen wir im 1938 verfassten »Abriss der Psychoanalyse«, die Übertragung »umfasst positive, zärtliche, wie negative, feindselige Einstellungen gegen den Analytiker, der in der Regel an die Stelle eines Elternteils, des Vaters oder der Mutter, gesetzt wird« (Freud, 1940a, S. 100).

Es scheint, dass jenes Kreuz, von welchem Freud Pfister gegenüber sprach, mit der Zeit mehr und mehr zu den zwei Achsen eines Koordinatensystems wurde, in dessen vier Quadranten sich Übertragungen nun mehr oder weniger bequem einsortieren lassen. Das Rätselhafte der Übertragung wurde so eingehegt in ein überschaubares Vier-Felder-Schema. Und noch heute ist der Glaube gar nicht so wenig verbreitet, die Übertragung eines Pa-

		Dem Analytiker gegenüber erlebter Affekt	
		zärtlich	**feindselig**
Durch den Analytiker ersetztes Objekt	**Vater**	positive Vaterübertragung	negative Vaterübertragung
	Mutter	positive Mutterübertragung	negative Mutterübertragung

Tabelle 1: Vier-Felder-Schema der Übertragung (nach Freud, 1940a, S. 100)

tienten oder einer Patientin verstanden zu haben, sobald es gelungen ist, sie auf eine Formel wie »negative Mutterübertragung« zu bringen.

Vor dem Hintergrund derartiger Deutungsschablonen ist es keine geringe Herausforderung, den analytischen Raum für Übertragungsgeschehen zu öffnen und wieder zu Befremden und Überraschung zurückzufinden angesichts der vielgestaltigen Übertragungen, mit denen Patientinnen und Patienten uns in Anspruch nehmen, sowie angesichts der ebenso vielfältigen Gegenübertragungen, mit denen wir uns an diesem Beziehungsgeschehen beteiligen. Eines der Anliegen dieses Buches besteht darin, zu dieser Öffnungsbewegung anzuregen und die Konzepte »Übertragung« und »Gegenübertragung« aus der verdächtigen Selbstverständlichkeit zu lösen, die sie aufgrund ihrer Allgegenwärtigkeit im psychotherapeutischen Diskurs erreicht haben.

Das Buch gliedert sich inhaltlich in drei Teile. In einem ersten, drei Kapitel umfassenden Teil wird die Entdeckungs- und Konzeptualisierungsgeschichte von Übertragung und Gegenübertragung bei Freud nachgezeichnet. Dabei werden insbesondere jene Spannungs- und Konfliktlinien innerhalb des Freud'schen Übertragungsbegriffs rekonstruiert, entlang derer sich die spätere psychoanalytische Konzeptbildung vollzog. In einem zweiten, ebenfalls drei Kapitel umfassenden Teil wird auf die nach Freud folgenden Entwicklungen eingegangen. Eine Prioritätensetzung, die natürlich immer mehr oder weniger subjektiven Vorlieben folgt, war hier unvermeidlich. So werde ich in diesem Teil neben den vom objektbeziehungs-theoretischen Denken ausgehenden Umwälzungen im Verständnis der Gegenübertragung und neben der von ich-psychologischen Ansätzen angestoßenen Frage nach dem Verhältnis von Übertragung und therapeutischer Allianz auch ausführlicher auf ein weniger bekanntes, aber, wie ich finde, besonders anregendes Modell eingehen und die Konzeption der Übertragung vorstellen, die sich in der intersubjektiven Triebtheorie des französischen Psychoanalytikers Jean Laplanche findet. In einem abschließenden dritten Teil werden ausgehend von den in den ersten Teilen dargestellten Überlegungen Fragen der therapeutischen Praxis behandelt: Wie können Übertragungen zunächst erkannt, gefördert oder begrenzt, dann gedeutet und bearbeitet und schließlich gelöst werden?

Kontexte von Freuds Begriffsbildung

Freud fand den Ausdruck »Übertragung« bereits in der Alltags- und Wissenschaftssprache seiner Zeit in weiter Verwendung vor, als er sich daran machte, ihm eine neue Bedeutung zu verleihen. Nach psychoanalytischer Vorstellung können wir unsere Vergangenheit nicht einfach abschütteln und hinter uns lassen, sondern sie wirkt als lebendige Vergangenheit unbewusst in der Gegenwart fort und in die Zukunft hinein. In ähnlicher Weise ist die begriffliche Neubestimmung eines bereits geläufigen sprachlichen Ausdrucks nicht in der Lage, diesen aus seinen historisch gewachsenen Kontexten zu befreien, sondern diese wirken, oft untergründig, im neu geprägten Begriff fort und bestimmen so unseren Blick auf jene Phänomene, die mit dem neuen Begriff konzeptualisiert werden sollen.

Die Behauptung, »das Wort Übertragung taucht [bei Freud] erstmals in den Studien über Hysterie auf, präziser gesagt im [...] Kapitel ›Zur Psychotherapie der Hysterie‹« (Kurz & Swita, 2019, S. 12; identisch bei Müller-Pozzi, 2008, S. 215) erweist sich so als ungenau. Denn die hier angesprochene Stelle aus den *Studien über Hysterie* markiert gerade nicht den Moment, an dem Freud das Wort »Übertragung« erstmals verwendet, sondern jenen Augenblick, an dem Freud das von ihm in anderen Kontexten zuvor bereits häufig verwendete Wort »Übertragung« erstmals auf die analytische Situation überträgt. Der psychoanalytische Ausdruck »Übertragung« entpuppt sich so selbst bereits als das Ergebnis eines Übertragungsprozesses. Eine derartige Übertragung eines sprachlichen Ausdrucks aus einem vertrauten in einen neuartigen Bedeutungszusammenhang ist seit der Antike Gegenstand der Metapherntheorie. Bevor ich darauf eingehe, aus welchen ihm vertrauten Kontexten Freud den Ausdruck »Übertragung« auf die analytische Situation übertragen hat, möchte ich daher zunächst das diesen Übertragungsprozess selbst beschreibende Modell der Metapher betrachten.

Rhetorisches Übertragungsmodell: Metapher

»Die Metapher ist die Übertragung eines Wortes, das eigentlich der Name für etwas anderes ist, entweder von der Gattung auf die Art oder von der Art auf die Gattung oder von einer Art auf eine andere Art oder gemäß einer Analogie«, lautet Aristoteles' kanonische Definition der Metapher (Aristoteles, *Poetik* 21, 1457b; Übersetzung von Schmitt, 2008, S. 29). Übertragen wird nach Vorstellung der klassischen Rhetorik »ein Nomen oder Verbum von der Stelle, wo seine eigentliche Bedeutung liegt, auf die, wo eine eigentliche Bedeutung fehlt oder die übertragene besser ist als die eigentliche« (Quintilian, *Institutio oratoria* VIII 6, 5; Übersetzung von Rahn, 1995, Bd. II, S. 219). In den verschiedenen Möglichkeiten metaphorischen Bezeichnens wird ein Wort aus dem Zusammenhang mit der Sache, zu der es passt, gelöst und mit einer Sache, zu der es eigentlich nicht passt, verknüpft. »Uneigentlichkeit« erweist sich so als ein zentrales Merkmal der Metapher (Kohl, 2007, S. 25ff.). Bei der Verbindung eines Wortes mit einer diesem uneigentlichen Bedeutung handelt es sich um eine produktive Form von falscher Verknüpfung – diese Gedankenfigur wird sich für Freud noch als bedeutsam erweisen. Produktiv ist diese falsche Verknüpfung, insofern sie einen Überschuss an Bedeutung gegenüber der Verwendung des eigentlich passenden Wortes erzeugt. Daher lässt sich eine Metapher auch nicht einfach verlustfrei in die Normalsprache zurückübersetzen. In der Metapher »die Trennung war für mich ein Schlag ins Gesicht« passt die eigentliche, die wörtliche Bedeutung des Ausdrucks »Schlag ins Gesicht« nicht und wir müssen den Ausdruck daher, um die Metapher nicht in konkretistischer Weise misszuverstehen, aus dem Bereich des menschlichen Körpers – der »source domain« (Lakoff & Johnson, 1980) unserer Metapher – in den Bereich der Gefühle und Wünsche – der »target domain« unserer Metapher – übertragen, um den »Schlag ins Gesicht« dann dort im uneigentlichen, im übertragenen Sinne zu verstehen, indem wir ihn mit der Bedeutung »schwere Kränkung« oder

»emotionale Verletzung« verknüpfen. Wollen wir die Metapher verstehen, so müssen wir die Übertragung nachvollziehen.

Da das griechische Verb μετα-φέρειν (*meta-phérein*) wörtlich übersetzt nun nichts anderes bedeutet als »über-tragen«, wurde immer wieder bemängelt, dass es sich bei der Aristotelischen Bestimmung der Metapher als eine Übertragung nicht um eine wirklich saubere Definition handle, sondern um eine bloße Tautologie. Aristoteles scheint hier jedoch nicht etwa nachlässig, sondern wählt angesichts eines definitorischen Notstands einen kreativen Ausweg, der auch von Psychoanalytikerinnen und Psychoanalytikern gern eingeschlagen wird, wenn es darum geht, zu definieren, was genau Übertragung sei: *Show, don't tell!* Aristoteles sagt uns nicht, was eine Metapher ist und wozu wir ihrer bedürfen, sondern er zeigt es uns.

Indem sich das Sprachbild der Übertragung selbst als eine Metapher erweist – in der Metapher wird ja kein konkretes Ding von einem realen Ort im wörtlichen Sinne nach anderswo getragen –, wird Leserinnen und Lesern der Aristotelischen *Poetik* verdeutlicht, wie wir gerade an jenen Stellen, an denen rationale Theoriebildung an eine Grenze stößt, produktiv auf Metaphern zurückgreifen können und müssen. Wenn für Neues »kein eigenes Wort vorhanden« (Aristoteles, *Poetik* 21, 1457b; Übersetzung von Schmitt, 2008, S. 30) ist, dann können wir zu dessen Bezeichnung ein anderes Wort ›falsch‹, also metaphorisch gebrauchen. Mithilfe der Metapher können wir das Unbekannte verstehen in Analogie zum uns unmittelbar Vertrauten (»Corona-Ansturm auf die Kliniken«). Metaphern, so Ralf Konersmann (2011, S. 22) »improvisieren Bezeichnungen, für die passgenaue Formulierungen nicht verfügbar sind, und kompensieren das Fehlen von Sprach- und Wissensformen«. Ganz in diesem Sinne hat sich Freud zur Zeit seiner großen Entdeckungen der Metapher der Übertragung bedient, um etwas Neues in Erfahrung zu bringen, wofür ihm Wissen und Sprache noch fehlten.

Medizinisches Übertragungsmodell: Infektion

Dem Arzt Sigmund Freud war natürlich der Übertragungsbegriff in der Bedeutung von »Ansteckung« bekannt. In diesem medizinischen Modell der Übertragung scheinen definitorische Unschärfe und metaphorische Uneigentlichkeit gebannt und die Dinge sehen vergleichsweise klar aus: Ein Krankheitserreger wird von einem infizierten Organismus auf einen anderen Organismus übertragen. Der sich am Infizierten ansteckende Organismus empfängt aber nicht lediglich einen von außen kommenden Erreger, sondern er wird nun selbst zum Wirt, in dessen Innerem der Erreger sich ausbreitet und reproduziert. Schließlich reagiert der Angesteckte mit Symptomen und immunologischen Abwehrmaßnahmen, welche sich gegen die Eindringlinge – wie Viren, Bakterien oder Pilze – richten, aber auch selbst symptomwertig werden können. Aus den Symptomen des Angesteckten lässt sich in der Regel auf die Natur des Erregers schließen.

Waren nicht die Erfahrungen der ersten, zumeist männlichen Analytikergeneration mit ungerufen auf den Plan tretenden leidenschaftlichen Übertragungsreaktionen ihrer zumeist weiblichen Patientinnen schon Beweis genug dafür, dass es sich bei der Übertragung um etwas handelte, das ebenso gefährlich wie eine ansteckende Krankheit war und vor dem es sich daher durch geeignete Defensivmaßnahmen zu schützen galt? Und haftet nicht einer Vorstellung wie derjenigen, nach der Patientinnen und Patienten ihre Übertragung als etwas in ihnen Bereitliegendes wie einen Krankheitserreger in die Therapie mitbringen, wohingegen Therapeutinnen und Therapeuten in ihrer Gegenübertragung ausschließlich auf die Übertragung reagieren, also sich von ihren Patientinnen und Patienten anstecken lassen, haftet nicht einer solchen linearen Ursache-Wirkungs-Vorstellung noch etwas an von jenem medizinischen Infektionsmodell?

Doch der Bezug des psychoanalytischen Übertragungsbegriffs zum medizinischen Modell bringt nicht nur ein ambivalentes Erbe mit sich, sondern lässt sich auch als ein frühes Beispiel gelungener Wissenschaftskommunikation und erfolgreicher Berufspolitik verstehen: Mit glücklichem Händchen wählte Freud zur Bezeichnung eines der heikelsten und zugleich zentralsten Konstrukte der Psychoanalyse ein Wort aus, das sich unter anderem dadurch auszeichnete, dass es medizinischen Laien aus der Alltagssprache bekannt und zugleich bereits als ein in der Medizin verwendeter Begriff innerhalb des ärztlichen Diskurses etabliert und anschlussfähig war.

Wenngleich Freud in seinen voranalytischen Texten gelegentlich auch die »direkte […] Uebertragung« einer Krankheit, zum Beispiel durch Vererbung (Freud, 1888b, S. 253), erwähnt, so ist die von ihm zu dieser Zeit in seinen Schriften am häufigsten benutzte Bedeutung von »Übertragung« doch keine allgemein medizinische, sondern eine im engeren Sinne neurophysiologische. Es geht ihm weniger um die Übertragung von Erregern und die daraus resultierende Erregung einer Krankheit, sondern vielmehr um die Übertragung neuronaler Erregung innerhalb des Nervensystems (so etwa Freud, 1888b, S. 237; 1889c, S. 349; 1891b, S. 32, 69, 80–98; 1950c [1895], S. 402, 407). In der Übertragung, so ließen sich die beiden Facetten des medizinischen Übertragungsmodells für die spätere psychoanalytische Begriffsbildung formulieren, kommt es zu einer Ansteckung mit Erregung.

Magnetistisches Übertragungsmodell: Rapport

Dass Übertragung irgendetwas mit einer rätselhaften zwischenmenschlichen Anziehungskraft zu tun hat, dämmerte bereits den Vorreitern der modernen Psychotherapie. Der deutsche Arzt Franz Anton Mesmer, dessen Werke in Freuds Bibliothek gut vertreten waren (Davies & Fichtner, 2006, S. 358), begründete um 1774 seine in der Folge immens einflussreiche Theorie des sogenannten »thierischen Magnetismus« (Mesmer, 1985 [1779], S. 9) – »tierisch« in Angrenzung zum gewöhnlichen, von Mesmer (ebd., S. 28) »mineralisch« genannten Magnetismus des Nichtlebendigen. Im Zentrum dieser Theorie stand folglich nicht der gewöhnliche Magnet, von dem Mesmer keinerlei Gebrauch machte, sondern vielmehr ein metaphorischer Magnetismus, eine »allgemeine Attracktion« (ebd., S. 8), aufgrund einer alles – auch den menschlichen Körper und besonders dessen Nervensystem – durchdringenden, unsichtbaren biophysikalischen Kraft. In Ermangelung eines exakten physikalischen Begriffs konnte Mesmer auch diese Kraft nur metaphorisch fassen: als »unsichtbares Feuer« (Mesmer, 1814, S. 110) oder als »Allflut« (»fluide universel«) (ebd., S. 18).

Mesmers Ätiologiemodell war störungsübergreifend und sein therapeutischer Ansatz unspezifisch: Für Mesmer gab es nur eine einzige Krankheitsursache – eine Stockung der Zirkulation des universellen Fluidums – und dementsprechend auch nur eine einzige Heilmethode: Das Wieder-in-Bewegung-Bringen des Fluidum-Flusses durch Übertragung heilsamer Energie vom Arzt auf den Patienten. Diese heilsame Übertragung flutender Energie, diese heilsame Übertragung des unsichtbaren Feuers nannte Mesmer »Magnetisieren«: »Magnetisieren ist: dieses Feuer [...] erregen und mitteilen« (ebd., S. 117). Die Übertragung findet hier vom Arzt auf den Patienten statt (siehe Abbildung 2).

Abbildung 2: Eine Dame wird magnetisiert, indem der Magnetiseur Fluidum – dargestellt durch die Strahlen aus seinen Handflächen – auf sie überträgt; Kupferstich, 1794 (aus Sibly, 1794, S. 260)

Mesmer und seine Anhänger richteten ihre Aufmerksamkeit früh auf die besondere Beziehung zwischen Magnetiseur und Magnetisiertem. Für die Eigenart dieser Beziehung prägte Mesmer den Begriff »Rapport«: Die

> »durch den Gedanken im Gehirne und den Nerven modifizirten Bewegungen werden zugleich dem Fluidum mitgetheilt, mit welchem die Substanz der Nerven zusammenhängt, und können nun [...] sich in unendlichem Raume ausdehnen, und sich unmittelbar auf den innern Sinn eines andern Individuums beziehen. So wird man begreifen, wie sich der Wille

> eines Menschen, dem Willen eines andern durch den innern Sinn mittheilen kann: wie folglich zwischen zwei Willen ein Einverständniß, eine Art Uebereinkunft Statt finden kann; dies nennt man in Rapport seyn« (Mesmer, 1800 [1799], S. 59f.).

Mit dem Begriff »Rapport« versucht Mesmer also eine Kommunikation zweier Menschen über einen »inneren Sinn«, eine Kommunikation unterhalb der Sprache zu konzeptualisieren.

Die Rapport-Beziehung zeichnete sich durch eine hohe Sensitivität der beiden Beteiligten füreinander aus. Früh erkannte man, dass nicht nur der Magnetisierte in besonderer Weise für die Erwartungen und Wünsche des Magnetiseurs offen ist, sondern dass auch der Magnetiseur besonders empfänglich wird für das, was sich im Magnetisierten regt. Bemerkenswert in diesem Zusammenhang ist, dass bereits zu Mesmers Zeiten vor den Gefahren dessen gewarnt wurde, was wir rückblickend auch »Rapport-Liebe« nennen könnten. König Ludwig XVI. setzte 1784 eine Kommission zur wissenschaftlichen Untersuchung des tierischen Magnetismus ein. Diese veröffentlichte im August desselben Jahres ihren offiziellen Untersuchungsbericht, der als eines der frühesten Beispiele für eine kontrollierte, verblindete Studie in die Wissenschaftsgeschichte eingegangen ist (vgl. Wampold, Imel & Flückiger, 2018, S. 24ff.). Ein zweiter, ergänzender Untersuchungsbericht zu den moralischen Gefahren der magnetischen Behandlungstechnik wurde dem König lediglich mündlich vorgetragen und blieb bis zu seiner Veröffentlichung im Jahr 1800 geheim. In diesem geheimen Bericht findet sich der erstaunliche Hinweis:

> »Es sind immer Männer, die Frauen magnetisieren; die Beziehungen, die dann aufgebaut werden, sind zweifellos nur die einer Patientin zu ihrem Arzt, aber dieser Arzt ist ein Mann; was auch immer der Zustand der Krankheit sein mag, er entkleidet den Menschen nicht seines Geschlechts, er entzieht ihn nicht völlig der Macht des anderen […]. Die fortdauernde Nähe, […] die individuelle Wärme, die mitgeteilt wird, die verbundenen Blicke – all das sind die der Natur bekannten Wege […], um unweigerlich die Mitteilung von Gefühlen

> und Zuneigungen zu bewirken« (Bailly, 1800 [1784], S. 147f., eigene Übersetzung).

100 Jahre später werden es zunächst auch vorwiegend Männer sein, die Frauen analysieren, und sich dabei nicht immer der Macht des anderen und dessen magnetischer Anziehungskraft werden entziehen können (Krutzenbichler & Essers, 2010).

Mit dem Rapport finden wir im Magnetismus bereits ein Übertragungsmodell, das einige Züge der späteren psychoanalytischen Begriffsbildung vorwegnimmt: Es geht um ein therapeutisch wirksames Beziehungsphänomen, um die Wechselwirkungen zwischen Therapeut und Patientin, einhergehend mit einer Form nichtsprachlicher Mitteilung. Der magnetische Rapport stand bereits im Zusammenhang mit Fragen nach der gegenseitigen Beeinflussung des therapeutischen Paares und nach der Natur der Übermittlungswege der therapeutischen Wirkung.

Das Konzept »Rapport« wurde im 19. Jahrhundert vom Magnetismus in die Hypnose übernommen, wo Freud es dann spätestens im Rahmen seiner Hypnotismus-Studien bei Jean-Martin Charcot und Hippolyte Bernheim kennenlernte (Kleine, 1995). Wenn wir bei Freud (1921c, S. 141) dann die Formulierung finden, dass die Hypnotisierte »unbewußt wirklich ihre ganze Aufmerksamkeit auf den Hypnotiseur konzentriert, sich in die Einstellung des Rapports, der Übertragung, zum Hypnotiseur begibt«, dann scheint die Apposition »des Rapports, der Übertragung« sogar nahezulegen, dass für Freud Rapport und Übertragung dasselbe sind. Doch mit Freuds Einführung des psychoanalytischen Übertragungskonzepts geht die Umkehrung der Richtung der Übertragung einher (Schott, 1987). Es ist, im wahrsten Sinne des Wortes, eine Revolution im Arzt-Patient-Verhältnis: Nicht mehr der Arzt überträgt seinen bewussten Willen – biophysikalisch-magnetistisch oder psychologisch-hypnotisch – auf den Patienten, sondern die Patientin ist es, die Unbewusstes auf den Arzt überträgt. Unabhängig von dieser Umkehr des Richtungspfeils im Übertragungsverhältnis findet sich bereits bei Mesmer (1814, S. 176) eine therapeutische Einsicht, der wohl auch Psychoanalytikerinnen und Psychoanalytiker heutzutage nicht widersprechen würden: »Derjenige unter allen Körpern also, welcher auf den Menschen mit der meisten Kraft zu wirken vermag, ist sein Nebenmensch.«

Linguistisches Übertragungsmodell: Übersetzung

Freud war bis in die 1890er Jahre hinein als ein äußerst produktiver Übersetzer aus dem Französischen ins Deutsche tätig. So übersetzte er Charcots *Leçons sur les maladies du système nerveux* (frz. 1887, dt. 1886, Freuds Übersetzung erschien noch vor dem französischen Original), Bernheims *De la suggestion* (frz. ²1887, dt. 1888–89) sowie Bernheims *Hypnotisme, suggestion et psychotherapie* (frz. 1891, dt. 1892) und arbeitete parallel zur Verfassung seiner Beiträge für die *Studien über Hysterie* noch an der Übertragung von Charcots *Leçons du mardi* (frz. 1888, dt. 1892–94). Es liegt nahe, dass für Freud zumindest zu dieser Zeit »Übertragung« stark mit der Übertragung von Texten aus einer Sprache – wie dem Französischen, »*la langue de l'amour*« – in eine andere Sprache – wie der eigenen Mutter-Sprache – konnotiert war (so Freud, 1889a, S. 135; 1892–94a, S. 157). Freud liebäugelte zwar damit, psychoanalytische Übertragung und Übersetzung miteinander zu verbinden, verfolgte diesen Weg letztlich jedoch nicht konsequent weiter. Der französische Psychoanalytiker und Freud-Übersetzer Jean Laplanche, stellte später hingegen das ins Zentrum seines Denkens, was er das *modèle traductif*, das übersetzerische Modell des Unbewussten und der Übertragung nannte.

Eine spezielle Bedeutung von »Übertragung« fand Freud zudem in jener Sprache, aus der er so gern übersetzte, nämlich in der französischen Sprache des Hypnotismus. Freud selbst verwendet diese Bedeutung 1888: »›Transfert‹ (Übertragung der Empfindlichkeit auf die entsprechenden Teile der Gegenseite)« (Freud, 1888–89a, S. 113). Übertragung der Empfindlichkeit auf die Gegenseite? Das klingt doch gar nicht so verschieden von »Übertragung und Gegenübertragung«. Gemeint ist hier jedoch nicht die Gegenseite des analytischen Paares, sondern die nach damaliger Vorstellung meist durch Anwendung eines (im Sinne Mesmers müssten wir sagen: gewöhnlichen) Magneten bewirkte Übertragung von Anästhesien, Lähmungen oder taktilen Halluzinationen von einer Körperseite auf die andere, also beispielsweise von der rechten auf die linke Hand: Dieser »Transfer der Sensibilität [...] mittelst [sic] des Magneten« wurde von Charcot (1892–94 [1888], S. 217, in der deutschen Übersetzung von Freud) mehrfach in seinen berühmten Mittwochsvorlesungen, deren begeisterter Hörer Freud im Wintersemester 1885/86 war, demonstriert.

Das bevorzugte Objekt, das »für alle die Versuche mit Transfert gedient hat« (Binet & Féré, zitiert nach Bernheim, 1888, S. 87, in der deutschen Übersetzung von Freud), war die legendäre Blanche Wittmann, also jene »Queen of Hysterics« (Hustvedt, 2011, S. 35), die allen an Psychoanalyse Interessierten vertraut ist als jene Gestalt, die auf *dem* Bild über *der* Couch so apart in Ohnmacht fällt. Bei seiner Übertragung der Schriften von Charcot und Bernheim ins Deutsche lässt Freud das französische »transfert« bemerkenswerterweise als *terminus technicus* unübersetzt stehen und widersteht der Versuchung, hier den deutschen Terminus »Übertragung« einzusetzen. Dieser wird ihm für anderes vorbehalten bleiben.

Entwicklung des Übertragungsbegriffs im Denken Freuds

Freud war bekanntlich überzeugt davon, dass man »die Psychoanalyse immer noch am besten [versteht], wenn man ihre Entstehung und Entwicklung verfolgt« (Freud, 1923a, S. 211). Eine genetische Rekonstruktion der Entstehungs- und Entwicklungsgeschichte wird umso relevanter, wenn es sich bei dem zu untersuchenden Konzept – wie bei der Übertragung – um ein psychoanalytisches Grundkonzept handelt, das im Denken Freuds nur allmählich seine uns vertraute Gestalt annahm und wenn diese Gestaltwerdung sich nicht im Sinne einer progressiven Weiterentwicklung vollzieht, sondern in Form einer Hin-und-her-Bewegung.

Ausschlaggebend für das Freud'sche Denken ist dabei, dass frühe Ideen nicht aufgegeben und verworfen wurden, sondern auf eine eigentümliche Art untergründig neben neuen Ideen weiterbestehen blieben, ohne dass Freud dabei ein starkes Bedürfnis verspürt zu haben scheint, alte und neue Formulierungen in einen widerspruchsfreien Zusammenhang zu bringen. Die Psychoanalyse Freud'scher Prägung liegt uns daher nicht in Form eines fix und fertig ausformulierten Theoriegebäudes oder gar in Gestalt einer eindeutigen Praxisanleitung vor. Freud mutet seinen Leserinnen und Lesern vielmehr zu, sich in Bezug zu setzen zu einem Denken, das sein konflikthaftes Hin und Her nicht in Form eindeutiger Resultate zum Stillstand, sondern vielmehr als Denkbewegung zur Geltung bringt.

Freud entwickelte dazu eine ganz besondere Form wissenschaftlicher Prosa. Dieser gelingt es durch gewisse formale Eigentümlichkeiten, eine besondere Beziehung zu Leserinnen und Lesern zu entwickeln und diese – oft unter affektiver Beteiligung – in den Text hineinzuziehen: Ständig stockt die flüssige Darstellung, indem Fragen aufgeworfen, Einwände formuliert,

Antworten gefunden, gefundene Antworten wieder verworfen werden, offene Selbstwidersprüche bleiben vom Autor unaufgelöst im dadurch unfertig wirkenden Text stehen, zielgerichtete Argumentationsbewegungen werden ohne erkennbaren Grund abgebrochen. Der Autor teilt Lesern beständig in direkter emotiver Ansprache seine Gestimmtheit mit: sein Zögern, sein Zaudern, sein Ringen, seine Zuversicht auch angesichts einer unvorteilhaften Erkenntnislage etc.

Durch solche »leseraktivierenden Textstrategien« (Born & Rugenstein, 2018, S. 172) gelingt es vielen Freud'schen Texten, eine Denkbewegung, die letztlich immer auch auf das Denken des Unbewussten zuläuft, auf Leserinnen und Leser zu übertragen und diese so zu eigener Denkarbeit anzuregen. Auch hier haben wir es mit einer Gestalt der Übertragung zu tun. In meiner Darstellung werde ich insbesondere die in diesem Sinne zu weiterer Denkarbeit anregenden Bruch- und Konfliktlinien innerhalb der Freud'schen Bildung des Übertragungsbegriffs herausarbeiten.

Hier zuerst ein grober Überblick über die Zeitachse, der ich in diesem Kapitel weitgehend chronologisch folgen werde: Als ein in der therapeutischen Situation begegnendes Phänomen beschreibt Freud (1895d, S. 308) eine »Übertragung auf den Arzt« erstmals in den *Studien über Hysterie*. In der *Traumdeutung* verwendet Freud den Übertragungsbegriff dann zunächst in einem sehr viel weiteren, nicht an die therapeutische Beziehung geknüpften Sinn, bevor er im 1901 niedergeschriebenen »Bruchstück einer Hysterieanalyse« wieder an das in den *Studien über Hysterie* in den Fokus der therapeutischen Aufmerksamkeit gerückte Phänomen anknüpft. Es folgt 1912 mit dem Aufsatz »Zur Dynamik der Übertragung« die erste von lediglich zwei Abhandlungen aus der Feder Freuds, die »Übertragung« im Titel führen. 1915 dann erscheint der Aufsatz »Bemerkungen über die Übertragungsliebe«. Weiterhin beschäftigt sich Freud in der 27. der *Vorlesungen zur Einführung in die Psychoanalyse* (1916–17a, S. 447ff.) mit der Übertragung und sie taucht thematisch in allen behandlungstechnischen Schriften mehr oder weniger ausführlich auf. Der ausgehend vom Konzept der Übertragung formulierte Begriff der Gegenübertragung erscheint erst deutlich später in Freuds veröffentlichten Schriften, erstmals 1910 in »Die zukünftigen Chancen der psychoanalytischen Therapie«, und findet sich danach nur noch im behandlungstechnischen Aufsatz über die Übertragungsliebe (Freud, 1915a).

Entdeckung des Phänomens in der Praxis

Die Konzeptbildung nimmt bei Freud ihren Ausgang nicht von einer vorformulierten Theorie, sondern von neuen und noch unverstandenen Erfahrungen der therapeutischen Praxis. Rückblickend fasst Freud 1895 eine solche klinische Erfahrung, die er seit Eröffnung seiner Praxis im Oktober 1886 offenbar wiederholt machen musste, zusammen und konstatiert, es sei ein »häufig[es], ja in manchen Analysen ein regelmäßiges Vorkommnis«, dass »die Kranke […] aus dem Inhalt der Analyse auftauchende peinliche Vorstellungen auf die Person des Arztes überträgt« (Freud, 1895d, S. 308). Hier wird von Freud noch kein Begriff definiert, sondern ein klinisches Phänomen beschrieben: Die Aktualisierung konflikthafter (»peinlicher«) Gefühlsregungen in der Beziehung zwischen Patientin und Analytiker. Zur bildlichen Beschreibung dieses Phänomens verwendet Freud das Verb »übertragen«. Es fungiert hier als eine konventionelle, allen Leserinnen und Lesern sofort verständliche Metapher ganz so wie wenige Worte zuvor der ebenfalls metaphorische Ausdruck, Vorstellungen würden in der Analyse »auftauchen«. Erst dann folgt mit der Substantivierung der Schritt zur Verdinglichung des gerade beschriebenen Prozesses, der die Grundlage einer möglichen Konzeptbildung darstellt: »Die Übertragung auf den Arzt geschieht durch *falsche Verknüpfung*« (Freud, 1895d, S. 308f., Hervorhebung im Original).

Frühestes bekanntes Beispiel einer solchen »falschen Verknüpfung« ist Josef Breuers Behandlung von Berta Pappenheim, die unter dem Pseudonym »Anna O.« in die Geschichte der Psychoanalyse eingegangen ist. Diese Behandlung endete abrupt im Sommer 1882. Über drei Jahrzehnte später rekonstruiert Freud dieses Ende vor dem Hintergrund eines Übertragungsgeschehens, das er dabei mit dem Konzept des Rapports verknüpft: »Breuer stand zur Herstellung der Kranken der intensivste suggestive Rapport zu Gebote, der uns gerade als Vorbild dessen, was wir ›Übertragung‹ heißen, dienen kann. Ich habe nun starke

Gründe zu vermuten, daß Breuer […] die sexuelle Motivierung dieser Übertragung […] entdecken mußte, daß ihm aber die allgemeine Natur dieses unerwarteten Phänomens entging, so daß er hier […] die Forschung abbrach« (Freud, 1914d, S. 49).

Aus der hier noch als Vermutung geäußerten Idee wird Gewissheit darüber, »was bei der Patientin wirklich vorfiel«, als Freud (1960a, S. 427) schließlich im Juni 1932 in einem Brief an Stefan Zweig »plötzlich eine Mitteilung von Breuer einfiel, die er vor der Zeit unserer gemeinsamen Arbeit« gemacht habe: Breuer habe seine Patientin nämlich eines Tages sich windend in schweren Unterleibskrämpfen angetroffen. Auf dessen Frage, was los sei, habe die Patientin entgegnet: »Jetzt kommt das Kind, das ich von Dr. B. habe« (ebd., S. 428). Auch wenn es sich bei diesem »plötzlichen Einfall« wohl um eine nachträgliche Legendenbildung handelt, so können wir ihr doch den Kontext der Entdeckung der Übertragungsphänomene und des ersten Versuchs, diese zu konzeptualisieren, entnehmen. Im Rahmen der intensiven Behandlung – Breuer besuchte seine Patientin in der Regel zweimal täglich zu Hause – kommt es zwischen dem 38-jährigen Arzt und seiner 21-jährigen Patientin zusehends zu einer intensiven emotionalen Verstrickung, zur gegenseitigen Erregung und Anziehung. Die »Schwangerschaft« der Patientin kann als metaphorischer Ausdruck der nahezu magnetischen affektiven Verknüpfung zwischen Arzt und Patientin gelesen werden, wobei der Patientin die Uneigentlichkeit, der Als-ob-Charakter dieser metaphorischen Schwangerschaft entging. Es hat sich eingebürgert, die unglückliche Verknüpfung von Breuer und Anna O. als »Urszene der Übertragung in der Geschichte der Psychoanalyse« (Kurz & Swita, 2019, S. 14) zu lesen. Damit wird die Liebesübertragung mit all den ihr anhaftenden Gefahren zum Grundmodell der Übertragung schlechthin erklärt.

Um eine seiner ersten Lieben zu bewältigen, griff bereits der 16-jährige Schüler Sigmund Freud auf die Gedankenfigur der Übertragung zurück: Während eines Besuchs bei der befreundeten Familie Fluss hatte Freud deren zwölfjährige Tochter Gisela kennengelernt. Er war sofort hingerissen, wovon Gisela, wie es sich gehört, natürlich nichts mitbekommen sollte. Zugleich war Freud begeistert von der Gastfreundschaft, Wärme und Klugheit von Giselas Mutter, Eleonore Fluss. In der Korrespondenz mit seinem Jugendfreud Eduard Silberstein über diese Schwärmerei(en) kommt Freud dann am 4. September 1872 auf die bemerkenswerte Idee: »[M]ir scheint, daß ich die Achtung vor der Mutter als Freundschaft auf die Tochter übertragen habe« (Freud, 1989a, S. 22). Unabhängig davon, dass gar nicht so leicht zu sagen ist, was in diesem Übertragungsdreieck womit abgewehrt und was genau hier eigentlich von wo nach wohin verschoben wird, ist dies die wohl früheste Gestalt der Übertragung, die sich in Freuds erhaltenen Schriften findet.

Freud verwendet »übertragen« im Jugendbrief an Silberstein – ganz so wie er es zunächst auch in den *Studien über Hysterie* tun wird – als einen verbalen metaphorischen Ausdruck. Dabei nutzt er die Übertragungsmetaphorik in einer zur Mitte des 19. Jahrhunderts bereits etablierten, wenn auch nicht besonders weit verbreiteten Weise, nämlich zur Beschreibung dessen, wie Liebe von jemandem auf jemand anderen übertragen wird (vgl. Grimm & Grimm, 1852ff., Bd. 23, Sp. 600). Hier handelt es sich weder um eine Entdeckung noch um eine Sprachschöpfung Freuds. So schreibt beispielsweise bereits Gotthold Ephraim Lessing in einem Brief an seinen Vater im Februar 1764 angesichts des Todes seines Bruders, dass er »die Zuneigung, die ich gegen den Todten nicht mehr zeigen kann, auf die Lebendigen übertrage« (Lessing, 1904, S. 205).

Das Beispiel einer falschen Verknüpfung, das der erwachsene Freud in den *Studien über Hysterie* anführt, weist denn auch in eine ganz ähnliche Richtung wie die Konstellationen um Gisela F., Eleonore F. oder Anna O.: »Ursprung eines gewissen hysterischen Symptoms war bei einer meiner Patientinnen der vor vielen Jahren gehegte und sofort ins Unbewußte verwiesene Wunsch, der Mann, mit dem sie damals ein Gespräch geführt, möchte doch herzhaft zugreifen und ihr einen Kuß aufdrängen. Nun taucht einmal nach Beendigung einer Sitzung ein solcher Wunsch in der Kranken in Bezug auf meine Person auf« (Freud, 1895d, S. 309). Im Gegensatz zur gehemmten Schüchternheit, zum »unsinnige[n] Hamlettum« (Freud, 1989a, S. 22) des – so können wir unterstellen – von eigenen Kusswünschen gegenüber Gisela getriebenen Jugendlichen und im Gegensatz zu Breuer, der die Forschung gegenüber Anna O. angesichts aufkommender Kuss- und Kinderwünsche (und seinen Reaktionen darauf) abgebrochen habe, indem er in »konventionellem Entsetzen« (Freud, 1960a, S. 428) die Flucht ergriffen habe, betont Freud nun, dass es sich beim Wunsch der Patientin, ihn, Freud, zu küssen, lediglich um »eine Täuschung handle, der die Patientin zum Opfer« gefallen sei. Es gelte nun, diese Täuschung, die ein »Hindernis« (Freud, 1895d, S. 310) für den Fortgang der Behandlung darstelle, aus dem Weg zu räumen.

Das starke Wort »falsch« in der Definition der Übertragung als einer »falschen Verknüpfung« bekommt in diesem Zusammenhang etwas Beruhigendes. Es versichert dem Analytiker, dass es sich bei der Verknüpfung vom starken Affekt (»Liebe«) bzw. sexuellen Wunsch (»Kuss«) mit seiner Person lediglich um eine täuschende, eine uneigentliche Verknüpfung, lediglich um ein Als-ob handle. Das Konzept »falsche Verknüpfung« erfüllt somit, darauf wurde häufig hingewiesen, in den *Studien über Hysterie* die defensive Funktion, das Involviertsein des Analytikers in den emotionalen Prozess zu kontrollieren (Chertok, 1968; Salyard, 1992; Körner, 2018).

Theorie der falschen Verknüpfung

Freud verwendete das Wort »Übertragung« bereits an zahlreichen Stellen vor der immer wieder zitierten, einschlägigen Passage in den *Studien über Hysterie*. Doch auch an der Behauptung, dass Freud an der zitierten Stelle erstmals ein ihm geläufiges Wort der Alltagssprache nutzte, um den psychoanalytischen Begriff »Übertragung« einzuführen, sind Zweifel angebracht. Vielmehr verwendete Freud »Übertragung« hier als Beschreibung, um einen anderen Begriff einzuführen: Er setzte den terminologischen Akzent in den *Studien* eindeutig nicht auf »Übertragung«, sondern auf »*falsche Verknüpfung*«, indem er letzteren Terminus typografisch hervorheben ließ und wenige Zeilen später nochmals, und nicht ohne Stolz, Leserinnen und Leser explizit auf seine Benennungsleistung hinweist: Ein der Kranken, so Freud (1895d, S. 309), ursprünglich peinlicher, jedoch im Verlauf der Analyse ins Bewusstsein drängender sexueller »Wunsch wurde durch den im Bewusstsein herrschenden Assoziationszwang mit meiner Person verknüpft […] und bei dieser Mésalliance – die ich falsche

Verknüpfung heiße – wacht derselbe Affekt auf, der seinerzeit die Kranke zur Verweisung dieses unerlaubten Wunsches gedrängt hat«. Dass sich Freud entgegen seiner hier offensichtlich bekundeten Absicht, den Begriff »falsche Verknüpfung« einzuführen und zu prägen, dann doch dafür entschied, stattdessen »Übertragung« zum psychoanalytischen Grundbegriff zu erheben, mag wohl auch an seinem ausgeprägten Sprachgefühl gelegen haben.

Für den Entdeckungskontext der Übertragung ist ihre Verknüpfung mit einer Theorie der »falschen Verknüpfung« von großer Wichtigkeit, zumal es sich bei der falschen Verknüpfung um eines jener Konzepte handelt, die – wie »Nachträglichkeit« oder »Anlehnung« – bei Freud kurz an zentraler Stelle auftauchen, um dann nahezu vollständig zu verschwinden und dabei doch weiterhin eine untergründige Wirksamkeit zu entfalten. Wenn Freud in den *Studien über Hysterie* die Erstbeschreibung des Übertragungsphänomens im Kontext einer Theorie der falschen Verknüpfung situiert, dann greift er damit zur Erklärung des Neuen (»Übertragung«) auf eine ihm bereits bekannte Gedankenfigur zurück. Diese findet sich erstmals – im Kontext der Frage nach der Erklärung gewisser Formen von Hysterien, Phobien und Zwangsneurosen – in seinem Aufsatz »Die Abwehr-Neuropsychosen«: »Trennung der Vorstellung von ihrem Affekt und falsche Verknüpfung des letzteren« (Freud, 1894a, S. 67). Freud formuliert hier unter der Überschrift »falsche Verknüpfung« die für die Psychoanalyse grundlegende Erkenntnis der Trennung von Vorstellung und Affekt: Eine Vorstellung, so Freuds Idee, müsse von einer Person immer dann von ihrem Bewusstsein ferngehalten, also unbewusst gemacht werden, wenn der »Widerspruch [= Konflikt] dieser Vorstellung mit ihrem Ich« ein gewisses, noch »durch Denkarbeit zu lösen[des]« Ausmaß übersteige (Freud, 1894a, S. 62).

In diesem Zusammenhang taucht bei Freud auch erstmals der zentrale Begriff »Abwehr« (ebd.) sowie die Überzeugung auf, dass diese konflikthaften und mit dem Ich unverträglichen Vorstellungen »zumeist auf dem Boden des sexualen Erlebens und Empfindens« entstehen (ebd.). Wird eine Vorstellung durch Abwehr unbewusst gemacht, so bleibe die ursprünglich mit ihr verknüpfte energetische bzw. affektive Besetzung bestehen und harre als frei flottierender Affekt einer neuen Verwendung. So verknüpfe sich der ursprünglich zur »verdrängten Vorstellung« (ebd., S. 69) gehörende »peinliche Affekt« (ebd., S. 66) dann mit einer anderen, mit dem Ich verträglicheren Vorstellung, die dadurch mit »unbegreiflich starkem Affekt ausgestattet« werde (ebd., S. 67).

In »Die Abwehr-Neuropsychosen« diskutiert Freud zum ersten – und soweit sich sehen lässt auch zum einzigen – Mal in seinen veröffentlichten Schriften das, was wir mit James Strachey (1962, S. 63) die »most fundamental of all his hypotheses« nennen können: Unsere Vorstellungen – ja, unsere »psychischen Funktionen« im Allgemeinen – sind wie mit einer »elektrische[n] Ladung« ausgestattet (Freud, 1894a, S. 74), es gibt an ihnen also eine gewisse frei verschiebbare Quantität. Freud (1985c, S. 167) spricht in diesem Zusammenhang statt von »Verschiebung« mitunter auch von einer »Quantitätsübertragung«. Die Quantität, die verschoben bzw. übertragen wird, nennt er (1894a, S. 74) »Erregungssumme« oder auch »Affektbetrag«. Der hier von Freud in der Synonymsetzung von Erregungssumme und Affektbetrag lakonisch vollzogene Schritt ist kein geringer. Es ist der Schritt von der Neuronenladung mit physikalisch-physiologisch vorgestellter – letztlich also messbarer – Erregungsenergie hin zu der als metaphorische »elektrische Ladung« konzipierten Besetzung einer Vorstellung mit einem subjektiv erlebbaren – aber letztlich nicht mehr objektiv messbaren – Affektbetrag. »Betrag« meint in der Mathematik den Abstand einer Zahl zur Null. Es geht beim Affektbetrag also unabhängig vom Vorzeichen, unabhängig von einer positiven oder negativen Affektaufladung, einzig um das subjektive Ausmaß dieser Aufladung. So ist für ein Subjekt eine phobische Vorstellung oder eine Zwangsvorstellung, obgleich subjektiv als negativ und leidvoll erlebt, mit großem Affektbetrag besetzt und besitzt in der Innenwelt des Subjekts somit hohe Bedeutsamkeit. Die grundlegende Differenz zwischen dem Inhalt einer Vorstellung und dem Affekt, mit dem diese Vorstellung besetzt ist, wird sich in der Folge implizit durch Freuds Denken ziehen.

Ich habe hier etwas weiter ausgeholt, um zu verdeutlichen, in welchem für die Psychoanalyse fundamentalen Zusammenhang Freud sein Konzept der falschen Verknüpfung einführt. Dabei wird eine für die weitere Entwicklung der Theorie der falschen Verknüpfung fatale Doppelgleisigkeit deutlich, denn Freud verfolgt in »Die Abwehr-Neuropsychosen« zwei Ziele. Das eine ist explizit im Titel des Aufsatzes formuliert: Es geht um die Entwicklung eines ätiologischen Modells für gewisse psychopathologische Erkrankungsformen. Das andere Ziel bleibt implizit: Es geht Freud, wie unter anderem aus seinem sich anschließenden, von ihm nicht veröffentlichten »Entwurf einer Psychologie« (Freud, 1950c [1895]) und der Fließ-Korrespondenz (Freud, 1985c) hervorgeht, auch darum, ein grundlegendes Modell des Funktionierens dessen zu entwickeln, was er später so gern den »psychischen Apparat« nennen wird.

Als Erklärungsmodell für Phobien, Zwangsneurosen und Hysterien muss Freuds Theorie etwas im Sinne des medizinischen Modells Krankes, Dysfunktionales, Pathologisches, also etwas – im weitesten Sinne – »Falsches« erklären. Im Kontext der grundlegenden Idee der Besetzung, die Freud im letzten Absatz von »Die Abwehr-Neuropsychosen« entwickelt, handelt es sich aber nicht lediglich um ein psychopathologisches Geschehen, sondern vielmehr um eine Tatsache einer allgemeinen Psychologie des Unbewussten. Die Idee der freien Verschiebbarkeit von Affektbeträgen lässt sich in diesem allgemeinen Kontext nicht mehr überzeugend als »falsche Verknüpfung«, sondern besser als *freie Verknüpfung* verstehen. Damit wäre zugleich ein terminologischer Bezug hergestellt zwischen einem fundamentalen Postulat der Freud'schen Psychologie des Unbewussten und der psychoanalytischen Methode: Die freie Verknüpfung entpuppt sich als innerer Motor der freien Assoziation (Rugenstein, 2019a).

Es scheint, dass auch Freud mit der Bezeichnung »falsche Verknüpfung« nicht recht glücklich war und verschiedene andere Benennungsmöglichkeiten ausprobierte. So spricht er von der »falsche[n] Verknüpfung oder Substitution« (Freud, 1985c, S. 162) oder auch von der »Transposition des Affekts« (Freud, 1894a, S. 68). Doch spielt die Person des Analytikers in dieser Substitutions- und Transpositionsbewegung noch keine erwähnenswerte Rolle. Es geht vielmehr ganz allgemein darum, ausgehend von einem unbegreiflich starken Affekt, der in der therapeutischen Arbeit auftaucht, eine »Rückübersetzung ins Sexuelle« (Freud, 1894a, S. 68) vorzunehmen, eine Re-Transposition, welche die Substitution einer sexuellen Vorstellung durch eine ich-gerechtere Vorstellung wieder rückgängig macht. Freud schlägt hier vor, die falsche bzw. freie Verknüpfung – und damit auch die Übertragung – nach dem Modell der Übersetzung zu verstehen: Patientinnen und Patienten würden eine Übersetzung bestimmter Wunschvorstellungen aus der Sprache des Sexuellen in eine andere, ihrem Ich geläufigere und verträglichere Sprache vornehmen. Aufgabe von Analytikerinnen und Analytikern sei es dann, diese Übertragungen, sprich: Übersetzungen, wieder rückgängig zu machen.

Bevor Freud nun die 1894 erstmals von ihm formulierte Theorie der falschen Verknüpfung auf das neu entdeckte Übertragungsphänomen anwendete, rief er sie in den *Studien über Hysterie* zunächst ausführlich und unter Verweis auf den Aufsatz »Die Abwehr-Neuropsychosen« in Erinnerung. In dem dabei von Freud (1895d, S. 121, Anmerkung) als »vorbildlich« gerühmten und zur Illustration angeführten »Beispiel einer falschen Verknüpfung« geht es jedoch (noch) nicht um die Übertragung eines Affekts auf den Arzt, sondern darum, dass Freuds Patientin Emmy von N. einen unbegreiflich starken Affekt (»Ich sterbe vor Angst«; Freud, 1895d, S. 119) an nach Freuds Einschätzung unwahrscheinlichen Bedenken über die Zuverlässigkeit eines gewissen Lifts festmacht. In der Hypnose gelingt es Freud dann, den dem Wachbewusstsein von Emmy nicht verfügbaren »wirklichen Grund ihrer Angst« auf sexuellem Gebiet aufzuspüren (Freud, 1895d, S. 121, Anmerkung), also die Substitution einer sexuellen Vorstellung durch die Vorstellung des Lifts rückgängig zu machen. Freud (ebd.) vermerkt darauf, es sei ihm gelungen, »mittels der hypnotischen Aufklärung solche falschen Verknüpfungen zu lösen und die von ihnen ausgehenden Wirkungen aufzuheben«. Ein bemerkenswerter Gedanke: Aufgabe des Therapeuten sei es nicht etwa, Verknüpfungen (»Zusammenhänge«) herzustellen, sondern (»falsche«) Verknüpfungen zu lösen. Das griechische ἀνά-λυσις *(aná-lysis),* auf das Freud seit 1896 zur Namensgebung seiner neuen Methode zurückgriff, bedeutet wörtlich übersetzt »Auf-Lösung«. Mit dem hier formulierten Gedanken der »Lösung« scheint Freud die Möglichkeit anzudeuten, das 1894 von ihm formulierte Modell der Rück-Übersetzung durch ein genuin analytisches Modell der Ent-Übersetzung zu ergänzen.

In jedem Fall wird aus dem von Freud als Paradigma für eine falsche Verknüpfung gewählten Beispiel deutlich, dass er das Übertragungsphänomen als einen Spezialfall einer falschen Verknüpfung verstanden haben muss und es für ihn vor diesem Hintergrund und zu dieser Zeit keinen grundsätzlichen Unterschied gemacht haben dürfte, ob eine Analysandin sich mit überstarkem Affekt, wie Emmy von N., vor einem vermeintlich unzuverlässigen Lift oder vor einem mutmaßlich unzuverlässigen Analytiker ängstigte. Für beide Regungen hätte es gegolten – ja, hierfür bietet Freud nun bereits 1895 drei konkurrierende Modelle an –, sie kausal auf ihre »wirklichen Gründe« zurückzuführen (1895d, S. 121, Anmerkung), sie ins Sexuelle rückzuübersetzen (1894a, S. 68) oder sie aus ihren selbstverständlichen, aber gerade in ihrer Selbstverständlichkeit »falschen« Verknüpfungen zu lösen (1895d, S. 121, Anmerkung).

Es scheint, dass die »falsche Verknüpfung« nach dem recht fulminanten Auftritt, den sie am Beginn der psychologischen Schriften Sigmund Freuds hatte, aus seinen Schriften verschwindet. In den großen Würfen – *Traumdeutung, Drei Abhandlungen, Psychopathologie des Alltagslebens, Der Witz* – findet sie keine explizite Erwähnung mehr. Doch im Denken Freuds scheint die Theorie der falschen Verknüpfung weiterhin eine Rolle zu spielen. Zumindest greift er ganz selbstverständlich auf sie zurück, als er sich in der Behandlung des Rattenmannes veranlasst sieht, diesem einen »ersten Einblick in die Voraussetzungen der psychoanalytischen Therapie zu geben« (Freud, 1909d, S. 399). Freud (ebd., S. 399f.) führt angesichts der vermeintlich unangemessenen Selbstbeschuldigungen seines zwangsneurotischen Patienten aus:

> »Wenn eine Mesalliance zwischen Vorstellungsinhalt und Affekt, also zwischen Größe des Vorwurfs und Anlaß des Vorwurfs vorliegt, so würde der Laie sagen, der Affekt sei zu groß für den Anlaß, also übertrieben […]. Der Arzt sagt im Gegenteile: Nein, der Affekt ist berechtigt, das Schuldbewußtsein ist nicht weiter zu kritisieren, aber es gehört zu einem andern Inhalte, der nicht bekannt (unbewußt) ist und der erst gesucht werden muß. Der bekannte Vorstellungsinhalt ist nur durch falsche Verknüpfung an diese Stelle geraten. Wir sind aber nicht gewohnt, starke Affekte ohne Vorstellungsinhalt in uns zu verspüren, und nehmen daher bei fehlendem Inhalt einen irgendwie passenden anderen als Surrogat auf […]. Die Tatsache

> der falschen Verknüpfung erklärt auch allein die Ohnmacht der logischen Arbeit gegen die peinigende Vorstellung.«

Wie ein Relikt aus einer vergangenen Zeit, wie ein Fremdkörper aus einer anderen Sprache taucht hier das Wort Mésalliance auf, das in den *Studien über Hysterie* als ein Leitwort im Umfeld von Übertragung und falscher Verknüpfung fungierte. Wir finden dieses Wort das erste Mal in Freuds 1894 in französischer Sprache verfasstem, 1895 veröffentlichtem Aufsatz »Obsessions et phobies«. Dort ist die Rede von der »mésalliance de l'état émotif et de l'idée associée« (Freud, 1895c, S. 347), von der Mésalliance, der Fehlpassung zwischen dem emotionalen Zustand und der mit diesem assoziierten Vorstellung. Erweist sich damit die »falsche Verknüpfung« selbst als eine Übertragung, als eine – mehr oder weniger glückliche – Übertragung des französischen *mésalliance* ins Deutsche durch den Übersetzer Freud?

Freud hält im Umfeld von Mésalliance/falscher Verknüpfung eine denkwürdige therapeutische Einsicht fest, indem er unterstreicht, worin sich Analytikerinnen und Analytiker von »Laien« – zum Beispiel einer Lebensgefährtin oder Freunden – unterscheiden: Der Analytiker folgt dem Affekt, denn »l'état émotif, comme tel, est toujours justifié« (Freud, 1895c, S. 346), der emotionale Zustand als solcher ist immer gerechtfertigt. Der übertragene Affekt, so Freuds Einsicht hier, ist *per se* – auch dann, wenn er »übertrieben« wirken mag – berechtigt. Es kann also nicht darum gehen, ihn zu entkräften, zu korrigieren oder seine Angemessenheit in irgendeiner Weise an der Realität zu überprüfen. Es geht darum, den übertragenen Affekt in einer auf noch nicht Bekanntes, auf Unbewusstes zielenden Suchbewegung zu verstehen oder, im Übersetzungsmodell gesprochen: Es geht darum, neue, passendere Übersetzungen für diese Mésalliance finden.

Wie um uns zu zeigen, dass er es auch als 76-Jähriger nicht vergessen hat, taucht das Modell der falschen Verknüpfung dann noch einmal in Freuds spätem Aufsatz »Meine Berührung mit Josef Popper-Lynkeus« auf. Freud erläutert hier seine Theorie des Traums bzw. der Traumentstellung: Hemmende Mächte – die »Traumzensur«, die Freud (1932c, S. 263f.) hier, im übertragenen Sinne, »unsere inneren Polizeigewalten« nennt – beseitigen das allzu Anstößige am latenten Trauminhalt, machen es unkenntlich, indem »echte Zusammenhänge aufgelöst, falsche Verknüpfungen eingeführt« werden (ebd., S. 264). Diese falschen Verknüpfungen erweisen sich so als »Ausdruck eines Kompromisses, [als] das Zeugnis eines Konflikts zwischen miteinander unverträglichen Regungen […] unseres Seelenlebens« (ebd.), als eine kunstvolle Weise wie sich Unbewusstes zugleich zeigen und verbergen kann. Am Leitfaden der falschen Verknüpfung können wir nicht nur chronologisch nahezu Freuds vollständiges psychologisches Werk durchmessen, sondern auch drei Grundkonzepte der Psychoanalyse verbinden: Übertragung, Traum und Konflikt.

Freud formuliert die ihm bereits als 16-Jährigem in der Begegnung mit Gisela Fluss und ihrer Mutter aufgehende Idee, dass Gefühle übertragen werden können, nun neu vor dem Hintergrund einer Psychologie des unbewussten Konflikts aus Wunsch und Abwehr. Diese Pointe drückt er durch das Adjektiv »falsch« vielleicht nicht besonders glücklich aus, denn der Punkt ist nicht, dass hier etwas als schlicht falsch zur Seite geschoben werden soll, sondern ganz im Gegenteil: Freud will uns ja gerade neugierig machen auf das, was in diesen speziellen Verknüpfungen in Spannung und Konflikt miteinander steht.

Vor dem Hintergrund einer Psychologie des unbewussten Konflikts überrascht es nun weniger, dass sich die nächsten einschlägigen Belege für die Konzeptualisierung der Übertragung bei Freud im theoretischen (»metapsychologischen«) Kapitel VII der *Traumdeutung* finden. Hier nun begegnet uns auch endlich die erste explizite Konzeptualisierung der Übertragung als ein psychoanalytischer Begriff. Eine Konzeptualisierung, die heutzutage etwas in Vergessenheit geraten ist und die wir auch in einigen klassischen Darstellungen zur Übertragung (wie Greenson, 1973 [1967] oder Gill, 1996 [1982]) vergeblich suchen, wohl weil sie zum gängigen therapeutischen Verständnis von Übertragung quer zu stehen scheint.

Erste Definition: Übertragung als Affektverschiebung

In der *Traumdeutung* führt Freud (1900a, S. 568, Hervorhebung im Original) aus,

> »daß die unbewußte Vorstellung als solche überhaupt unfähig ist, ins Vorbewußte einzutreten, und daß sie dort nur eine Wirkung zu äußern vermag, indem sie sich mit einer harmlosen, dem Vorbewußten bereits angehörigen Vorstellung in Verbindung setzt, auf sie ihre Intensität überträgt und sich durch sie decken läßt. Es ist dies die Tatsache der *Übertragung.*«

Hier wird das Wort »Übertragung« nun erstmals von Freud als einzelner Begriff, auf den er die Aufmerksamkeit von Leserinnen und Lesern lenken möchte, typografisch hervorgehoben und wir erhalten auch eine erste Definition: Übertragung meint hier *Übertragung der Besetzungsintensität* einer verdrängten und so unbewusst gemachten Vorstellung auf eine harmlose, vorbewußte Vorstellung (siehe Abbildung 3). Übertragung ist hier Affektverschiebung. Dies ist eine sehr allgemeine und nicht auf das Beziehungshafte eingegrenzte Bestimmung der Übertragung, die sich in auffälliger Weise mit Freuds (1894a) frühester Bestimmung der »falschen Verknüpfung« zu decken scheint.

In den *Studien über Hysterie* verwendete Freud »Übertragung« als metaphorische Beschreibung eines Spezialfalls des allgemeinen Modells der falschen Verknüpfung. In der *Traumdeutung* hingegen ist der Begriff »falsche Verknüpfung« aus Freuds begrifflichem Apparat verschwunden und scheint durch den nun, anders als noch in den *Studien,* hervorgehobenen Übertragungsbegriff ersetzt. Hintergrund könnte sein, dass der Begriff »falsche Verknüpfung« von Freud zur Erklärung psychopathologischer Phänomene entwickelt wurde, es ihm mit der *Traumdeutung* aber explizit um die Erklärung auch des normalen Erlebens und Verhaltens geht, sodass die ohnehin unglückliche Konnotation des Falschen sich spätestens jetzt als nicht mehr tragfähig erwies.

Übertragung im Sinne der *Traumdeutung* ist ein allgemeines Modell dessen, wie sich Unbewusstes dadurch Ausdruck verleiht, dass es sich an (Vor-)Bewusstes anheftet. Diese »Anheftung« (Freud, 1900a, S. 569) führt dazu, dass eine scheinbar »harmlose Vorstellung« zu einer »unverdient großen Intensität gelangt« (ebd., S. 568). In »Die Abwehr-Neuropsychosen« (Freud, 1894a, S. 67) findet sich bereits eine erstaunlich parallele Formulierung für den hier von Freud beschriebenen Mechanismus: Die harmlose Vorstellung heißt dort: »nicht unverträgliche Vorstellung«

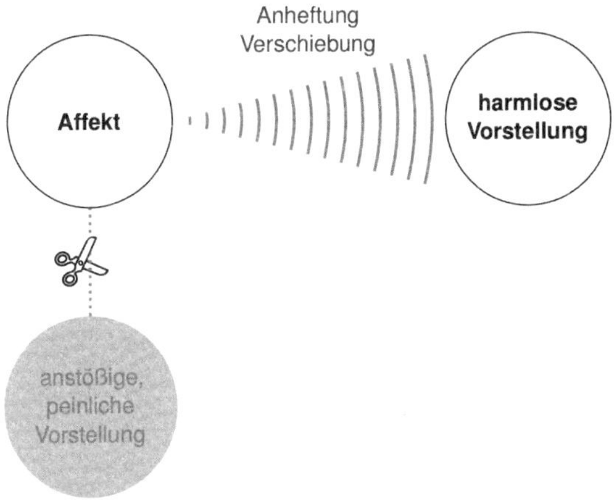

Abbildung 3: Übertragung als Affektanheftung: Das Übertragungsmodell »Traum«

und die unverdient große Intensität, zu der sie gelangt: »unbegreiflich starker Affekt«, mit dem diese Vorstellung »ausgestattet ist«; die Übertragung heißt dort: »falsche Verknüpfung«. Ergebnis der nach dem Modell des Traums verstandenen Übertragung ist das, was Freud als wesentliches Ergebnis der Traumarbeit konzeptualisierte: die Entstellung. Auch als Freud (1912b, S. 370) das weite Übertragungsmodell der *Traumdeutung* längst durch ein engeres Übertragungsmodell ersetzt hatte, wird er noch von einer »Entstellung durch Übertragung« sprechen.

In der *Traumdeutung* bettet Freud sein Übertragungsmodell in eine grundsätzliche, aus seinen Erfahrungen in der analytischen Behandlung von Neurotikerinnen und Neurotikern abstrahierten Spekulation über das Funktionieren des Psychischen ein: »[U]nbewusste Wünsche betrachte ich […] als immer rege, jederzeit bereit, sich Ausdruck zu verschaffen, wenn sich ihnen Gelegenheit bietet, sich mit einer Regung aus dem Bewussten zu alliieren, ihre große Intensität auf deren geringere zu übertragen« (Freud, 1900a, S. 558). Hier ist nun nicht mehr von einer Mésalliance, sondern von einer Allianz zwischen unbewusstem Wunsch und bewusster Regung die Rede. Der unbewusste Wunsch, der sich hier in freier Weise mit einem dem Bewusstsein verfügbaren

Element verknüpft, so schließt Freud gleich darauf an, *»muss ein infantiler sein«* (ebd., S. 569). Übertragung bedeutet somit: *Übertragung der affektiven Intensität eines unbewussten infantilen Wunsches auf eine (vor-)bewusste Regung.*

Hierzu ein Beispiel: In der *Psychopathologie des Alltagslebens* wendet Freud die Erkenntnisse der *Traumdeutung* auf unser tägliches Wachleben an und schildert dabei folgende Begebenheit aus seinem eigenen Leben:

> »Ich lege Wert auf schönes Löschpapier und nehme mir vor, auf meinem heutigen Nachmittagsweg in die Innere Stadt neues einzukaufen. Aber an vier aufeinanderfolgenden Tagen vergesse ich es, bis ich mich befrage, welchen Grund diese Unterlassung hat. Ich finde ihn dann leicht, nachdem ich mich besonnen habe, daß ich zwar ›Löschpapier‹ zu schreiben, aber ›Fließpapier‹ zu sagen gewohnt bin. ›Fließ‹ ist der Name eines Freundes in Berlin, der mir in den nämlichen Tagen Anlaß zu einem quälenden, besorgten Gedanken gegeben hatte. Diesen Gedanken kann ich nicht los werden, aber die Abwehrneigung äußert sich, indem sie sich mittels der Wortgleichheit auf den indifferenten und darum wenig resistenten Vorsatz überträgt« (Freud, 1901b, S. 176).

In seinem Beispiel greift Freud explizit auf die Gedankenfigur der Übertragung zurück: Eine quälende und daher mehr oder weniger verdrängte Beunruhigung überträgt sich aus dem Kontakt mit dem Berliner Brieffreund auf den Kaufvorsatz, so Freuds Selbstinterpretation. Aber war der Mechanismus der Übertragung nicht schon vorher am Werk? »Ich lege Wert auf schönes Löschpapier« – sollte der oder die im Sinne der *Traumdeutung* Zuhörende, sollte der oder die im Sinne der *Traumdeutung* Lesende hier nicht hellhörig werden? Die stark affektiv getönten Kategorien »Wert« und »Schönheit« stehen in einem gewissen Missverhältnis – wir könnten auch sagen: in einer Mésalliance – zur Nichtigkeit jenes Gegenstandes, dem sie hier von Freud beigelegt werden. Ist Löschpapier nicht einfach ein alltäglicher Verbrauchsgegenstand, den man verwendet, ohne ihn dabei mit starkem Affekt aufzuladen, so wie Küchenkrepp oder Klebestreifen? Oder in der Terminologie der *Traumdeutung* gesprochen: Gibt es etwas Harmloseres als Löschpapier? Für Freud nun heftet sich an die harmlose Vorstellung »Löschpapier« ein überstarker, ein unverdient intensiver Affekt. Es ist fast so, als ob Freud ausrufen könnte: »Ich liebe Fließ-, äh, Löschpapier!« Im Löschpapier zeigen und verbergen sich so zugleich die Spuren der affektaufgeladenen Beziehung zwischen Sigmund Freud und Wilhelm Fließ. Und haben wir nicht alle solche harmlosen Dinge, mit denen wir uns umgeben, damit sie unseren durch Verdrängung an ihrer ursprünglichen Stelle unverwendbar gewordenen Affekten als Zufluchtsorte dienen können?

In »Introjektion und Übertragung« – übrigens dem ersten psychoanalytischen Text überhaupt, der »Übertragung« im Titel führt und sich ausschließlich diesem Thema widmet – bringt Sándor Ferenczi diese Gedankenfigur auf den Punkt: Die Dynamik der Übertragung bestehe darin, das der Übertragende seine »frei-flottierenden Affekte [...] an alle möglichen Objekte, die ihn nichts angehen, verschwendet, um Affektbeziehungen zu gewissen Objekten, die ihn nahe angehen, unbewußt lassen zu können« (Ferenczi, 1909, S. 431).

Mit der *Traumdeutung* wird die Gedankenfigur der falschen Verknüpfung abgelöst durch die allgemeiner formulierte, weil auf ein vorangestelltes qualifizierendes Adjektiv wie »falsch« verzichtende Figur der Anheftung. Genau wie die falsche Verknüpfung wird es auch die Anheftung nicht ins Register der offiziellen psychoanalytischen Begriffsbildungen schaffen. Der zentrale Stellenwert der Anheftung in einer Theorie der Übertragung wird jedoch deutlich, wenn wir uns ansehen, was Freud in der *Traumdeutung* »Anheftung zur Übertragung« nennt: »Wir sehen [...], daß die Tagesreste, denen wir die indifferenten Eindrücke jetzt zurechnen dürfen, nicht nur vom Ubw [= Unbewußten] etwas entlehnen, wenn sie an der Traumbildung Anteil gewinnen, nämlich die Triebkraft, über die der verdrängte Wunsch verfügt, sondern daß sie auch dem Unbewußten etwas Unentbehrliches bieten, die notwendige Anheftung zur Übertragung« (Freud, 1900a, S. 569). Die Übertragung kann nicht ins Leere gehen. Sie benötigt Indifferentes, dessen sie sich bedienen, an das sie sich anheften kann, ganz wie der Traum sich der Tagesreste bedient. Übertragung ist angewiesen auf Harmloses.

Auf der einen Seite findet sich das Treiben und Drängen des

unbewussten (infantil-sexuellen) Wunsches, also ein »Bedürfnis zur Übertragung von den verdrängten Vorstellungen aus« (ebd.). Es gibt da etwas am Verdrängten, was keine Ruhe geben will, etwas, was unbewältigt ist und so ins Bewusstsein drängt. Auf der anderen Seite steht diesem Bedürfnis zur Übertragung eine Bereitschaft zur Anheftung gegenüber: harmlose, verträgliche, einen nichts angehende und affektiv mehr oder weniger indifferente Vorstellungsinhalte, die dem Wunsch die notwendige Anheftungsfläche bieten.

Wir können dies als eine Liebeserklärung an das Harmlose in unserem Leben lesen. Und es entspricht wohl auch der Erfahrung vieler Psychoanalytikerinnen und Psychoanalytiker, dass eine Analyse oft gerade dann gut voranschreitet, wenn sie sich dem Harmlosen, dem Kleinen und Kleinsten in den Träumen und im Leben des Analysanden oder der Analysandin zuwendet. Doch sollten wir diesen Gedanken nicht auch als eine Warnung lesen? Es liegt nahe, die Übertragung auf den Analytiker als einen Spezialfall des Übertragungsmodells der *Traumdeutung* aufzufassen. Der Analytiker fungiert dann für die unbewussten Wünsche und Ängste seines Analysanden wie ein Tagesrest. Aber würde irgendjemand, der eine Analyse gemacht hat, ernsthaft behaupten, sein Analytiker oder seine Analytikerin sei für ihn ein indifferentes Objekt gewesen, das ihn nichts angehe, harmlos wie Löschpapier? Läge es unter dieser Perspektive nicht nahe, anderswo nach den Anheftungsstellen für die Übertragung des unbewussten Wunsches Ausschau zu halten?

Wenn Freud (1914c, S. 153) die Tatsache, dass »sich die Libido […] an die Objekte heftet« später auch als »Libidobesetzung« bezeichnet, dann scheint er nahezulegen, dass für die Konzeptualisierung der Übertragung relevante Formulierungen wie »falsche Verknüpfung« und »Anheftung« für ihn letztendlich in dem Konzept der Besetzung aufgehen werden. Im Unterschied zu »falscher Verknüpfung« und »Anheftung« wurde der Besetzung der Status eines expliziten psychoanalytischen Grundkonzepts zuteil, vermutlich auch deshalb, weil der Ausdruck im Freud'schen Œuvre ungleich häufiger anzutreffen ist. Ohne auf die Implikationen weiter einzugehen, möchte ich nur darauf hinweisen, dass der zweifelsohne für Freuds Denken zentrale Ausdruck »Besetzung« meines Wissens in Freuds Schriften nicht vor 1895 auftaucht, wir die Formulierung »falsche Verknüpfung« aber bereits 1894 erstmals in einer von Freuds Veröffentlichungen finden.

In der *Traumdeutung* kommt Freud zudem auf das übersetzerische Modell der Übertragung zurück, das er 1894 in »Die Abwehr-Neuropsychosen« bereits ins Spiel gebracht hatte:

> »[Latente] Traumgedanken und [manifester] Trauminhalt liegen vor uns wie zwei Darstellungen desselben Inhaltes in zwei verschiedenen Sprachen, oder besser gesagt, der Trauminhalt erscheint uns als eine Übertragung der Traumgedanken in eine andere Ausdrucksweise, deren Zeichen und Fügungsgesetze wir durch die Vergleichung von Original und Übersetzung kennen lernen sollen. Die Traumgedanken sind uns ohne weiteres verständlich, sobald wir sie erfahren haben. Der Trauminhalt ist gleichsam in einer Bilderschrift gegeben, deren Zeichen einzeln in die Sprache der Traumgedanken zu übertragen sind« (Freud, 1900a, S. 283f.).

Traumarbeit – und damit im weitesten Sinne auch die außerhalb des Traumes wirksame Entstellungsarbeit – wird hier verstanden als die Übersetzung aus der Sprache des Unbewussten (»Original«) in jene des Bewussten. In diesem Sinne kann Freud Übersetzung und Übertragung in der *Traumdeutung* stellenweise miteinander gleichsetzen und die Traumarbeit verstehen als »Übersetzung, Übertragung wie in eine andere Schrift oder Sprache« (ebd., S. 176). Die Deutungsarbeit entspricht in diesem Modell dem umgekehrten Weg der Entstellungs- bzw. Übersetzungs- bzw. Übertragungsarbeit und damit einer Unentstellung, Rückübersetzung, Rückübertragung in die (Original-)Sprache des Unbewussten.

Zweite Definition: Übertragung als Beziehungsform

Als »eine Fortsetzung des Traumbuchs« (Freud, 1960a, S. 476) und der dort aufgenommenen Spur verstand Freud seine wohl berühmteste Fallgeschichte, die Schilderung der Behandlung Ida Bauers (»Dora«). So wollte er den Text ursprünglich zur Markierung des Zusammenhangs mit der *Traumdeutung* »Traum und

Hysterie« überschreiben, bevor er sich für den bescheideneren Titel »Bruchstück einer Hysterie-Analyse« entschied. Im »Bruchstück« ging es Freud darum, die in der *Traumdeutung* gewonnenen Einsichten über die Psychologie des Unbewussten auf die analytische Situation anzuwenden, man könnte auch sagen: auf die analytische Situation zu übertragen.

Im Zentrum der Fallgeschichte steht die Mitteilung zweier Träume von Freuds Patientin. In der ausführlich beschriebenen Deutung dieser Träume verwendet Freud wiederholt jene Gedankenfigur, die er in der *Traumdeutung* noch Übertragung nannte, vermeidet nun aber das Wort in diesem Zusammenhang in auffälliger Weise. Vielmehr spricht er von »Verschiebung« oder davon, dass im Traum die affektive Besetzung einer Vorstellung aus dem Kreis des infantilen Sexuellen auf etwas Alltägliches – etwa ein Schmuckkästchen – »übergeführt« (Freud, 1905e, S. 253, Anmerkung) werde. Die Übertragung bildet dennoch den Dreh- und Angelpunkt der Fallgeschichte. Freud wird das Wort »Übertragung« im »Bruchstück« dabei anders als in der *Traumdeutung* zunächst konsequent in Anführungszeichen verwenden. Er scheint damit einen Unterschied zu markieren zwischen jener Übertragung, die vorbereitete Leserinnen und Leser des »Bruchstücks« bereits aus der *Traumdeutung* kennen, und jener ›Übertragung‹, um die das »Bruchstück« organisiert ist. Diese in Anführungszeichen gesetzte ›Übertragung‹ wird Freud dabei nicht nur erstmals zum wichtigsten Hilfsmittel der Psychoanalyse erklären, sondern sie zugleich auch als ein Beziehungsphänomen bestimmen und damit zum heute gängigen Begriffsverständnis hinleiten.

Die Geschichte der analytischen Behandlung von Dora ist von Freud in fünf Teile gegliedert: Einer Zusammenfassung des Krankheitszustands der Patientin folgen zwei größere Teile, die jeweils einem Traum und seiner Deutung gewidmet sind. Diese drei Teile werden eingerahmt von einem Vor- und einem Nachwort. Im Vorwort schraubt Freud die Erwartungen jener Leserinnen und Leser rigoros herunter, die im Text des »Bruchstücks« nach Erläuterungen dessen suchen, was in der Psychoanalyse unter Übertragung zu verstehen und wie damit umzugehen sei: »Gerade das schwierigste Stück der technischen Arbeit ist bei der Kranken nicht in Frage gekommen, da das Moment der ›Uebertragung‹, von dem zu Ende der Krankengeschichte die Rede ist, während der kurzen Behandlung nicht zur Entfaltung gelangte« (Freud, 1905e/1905, S. 290). Erst zum Ende der Krankengeschichte, so kündigt Freud es an, soll kurz von einem Phänomen die Rede sein, welches in der geschilderten Behandlung aber deswegen nicht auftreten konnte, weil es sich lediglich um eine kurze – nämlich weniger als 70 Stunden dauernde – analytische Kur gehandelt habe.

Das Moment der Übertragung, so werden Leserinnen und Leser hier vermuten, brauche Zeit. Die jetzt schon äußerst geringen Erwartungen, in diesem Text etwas Substanzielles zum psychoanalytischen Übertragungsbegriff zu erfahren, werden dann vom Autor in einer der Deutung von Doras erstem Traum angefügten Fußnote weiter reduziert: »Meine Deutung streift hier das praktisch wie theoretisch höchst bedeutsame Thema der ›Übertragung‹, auf welches einzugehen ich in dieser Abhandlung wenig Gelegenheit mehr finden werde« (Freud, 1905e, S. 232).

Doch nur wenige Seiten später findet sich diese Gelegenheit dann doch. Freud deutet Doras Mitteilung, dass sie, nachdem sie aus dem ersten Traum erwachte, Rauch gerochen habe, als »die Sehnsucht nach einem Kuß, der beim Raucher notwendigerweise nach Rauch schmeckt« (ebd., S. 236). So einen Kuss hatte Herr K. – ein Freund von Doras Vater und zugleich Ehemann jener Frau K., mit der Doras Vater eine Affäre hat –, der damals 16-jährigen Dora bei einem Ausflug zu einem See aufgezwungen. Freud ist nun davon überzeugt, daraus macht er im Text genauso wenig einen Hehl wie seiner 18-jährigen Patientin gegenüber, dass Dora damals am See wie auch gegenwärtig noch unbewusst in Herrn K. verliebt sei. Freud deutet hier also nach dem Modell, dass sich eine starke ambivalente Besetzung (Sehnsucht und gleichzeitiger Widerwillen) von der verdrängten Vorstellung »K. wie Kuss« auf die bewusstseinsnahe, in der Formulierung der *Traumdeutung* »unanstößige« Vorstellung »Rauch« übertragen habe. Doch Freud bringt die Gedankenfigur der Übertragung an dieser Stelle gerade nicht in diesem, in der *Traumdeutung* definierten Sinne ins Spiel, sondern fährt vielmehr fort (ebd., S. 236):

> »Nehme ich endlich die Anzeichen zusammen, die eine Übertragung auf mich, weil ich auch Raucher bin, wahrscheinlich

> machen, so komme ich zur Ansicht, daß ihr [= Dora] eines Tages wahrscheinlich während der Sitzung eingefallen [ist], sich einen Kuß von mir zu wünschen. Dies war für sie der Anlaß, […] den Vorsatz zu fassen, aus der Kur zu gehen. So stimmt es sehr gut zusammen, aber vermöge der Eigentümlichkeiten der ›Übertragung‹ entzieht es sich dem Beweise.«

Inhaltlich ist die Parallelkonstruktion zu der von Freud in den *Studien über Hysterie* als Beispiel für Übertragung bzw. für falsche Verknüpfung angeführten Vignette augenfällig. Auch dort ging es um eine Patientin, die den Wunsch an Freud richtete, er möge ihr doch »einen Kuß aufdrängen« und dieser Wunsch habe die Patientin so sehr entsetzt, dass sie »ganz unbrauchbar zur [psychoanalytischen] Arbeit« (Freud, 1895d, S. 309) geworden sei. Interessant ist weiterhin Freuds Begründung der Übertragung. Die Übertragung auf ihn sei wahrscheinlich, weil er ganz wie Herr K. auch Raucher sei.

Die Übertragungsbereitschaft wird hier offenbar ganz entlang der äußeren Realität gedacht. Die Anheftungsfläche für Übertragungsbereitschaften wird nun von Freud nicht mehr – wie noch in »Die Abwehr-Neuropsychosen« oder in der *Traumdeutung* – primärprozesshaft (»anything goes«) konzipiert, sondern entlang sekundärprozesshaft nachvollziehbarer Zusammenhänge konstruiert. Der Gedanke, dass die Übertragung sich durch eine vollkommen freie und sich nicht um rationale Nachvollziehbarkeit kümmernde Verknüpfung auszeichnet, hat ja auch etwas ungemein Beunruhigendes.

Nachdem Freud die Erwartung von Leserinnen und Lesern seiner Falldarstellung erst maximal gemäßigt hat, ist nun mit dem Rauch-Kuss die Spur dafür gelegt, Doras sich hier bereits ankündigenden Abbruch ihrer Analyse vor dem Hintergrund der Übertragung zu verstehen. Im Widerspruch sowohl zu seiner anfänglichen Beteuerung, die Übertragung sei in der Behandlung Doras nicht zur Entfaltung gekommen, als auch zu seiner Ankündigung, er werde nur noch wenig Gelegenheit finden, auf diese nicht zur Entfaltung gelangte Übertragung einzugehen, lässt Freud seine Falldarstellung in einem sechsseitigen, immer wieder zitierten Abschnitt zur Übertragung münden, in welchem er den Begriff erstmals im uns vertrauten Sinne definiert und die Behandlung

Doras zugleich unter der Übertragungsperspektive rekonstruiert (Freud, 1905e, S. 279–284).

Hier erfahren wir nun, dass die Produktivität der Neurose während der analytischen Behandlung nicht erloschen sei, sondern sich »in der Schöpfung einer besonderen Art von meist unbewußten Gedankenbildungen [betätigt], welchen man den Namen ›*Übertragungen*‹ verleihen kann« (ebd., S. 279). Man beachte den Plural. Deutete Freud in den letzten Stunden vor Abbruch noch Doras unbewusste »Phantasie einer Entbindung« (ebd., S. 265) mit Blick auf Herrn K., so scheint es hier rückblickend, als ob Dora und Freud ein gemeinsames Kind zur Welt gebracht haben, bei dessen Namensgebung Leserinnen und Leser nun gegenwärtig sein können. Die Szene zwischen Breuer und Anna O. scheint im Hintergrund durchzuschimmern.

Nach der feierlichen Namensverleihung verzichtet Freud in der Folge auf die Anführungszeichen und formuliert die Frage aus, die Leserinnen und Leser gewiss schon eine ganze Weile beschäftigt haben wird: »Was sind die Übertragungen?« (Freud, 1905e, S. 279). Freud (ebd.) beantwortet diese drängende Frage zunächst – und nicht ohne Witz – mit einer Metapher, also mit einer Übertragung: »Übertragungen [...] sind [...] einfache Neudrucke, unveränderte Neuauflagen«, manchmal auch aktualisierte und überarbeitete Auflagen, »Neubearbeitungen« der Erstauflage einer Beziehung.

Lektüre als Metapher

Neuauflagen und Neudrucke: Es geht um Bücher, um Bücher wie Freuds *Sammlung kleiner Schriften zur Neurosenlehre*, in deren zweitem Band 1909 ein einfacher Neudruck des »Bruchstücks einer Hysterie-Analyse« erstmals in allgemein zugänglicher Buchform erschien, oder um Bücher wie die *Gesammelten Schriften* Freuds, in deren achtem Band eine von Freud bearbeitete Neuauflage des »Bruchstücks« abgedruckt wurde. Diese 1924 erschienene Version des Dora-Texts – alle späteren Ausgaben des Textes sind dann wiederum unveränderte Neudrucke dieser Version – ist insofern bemerkenswert, als sie zwei verschiedene Arten nachträglicher Neubearbeitungen enthält:

Zum einen von Freud als Ergänzungen markierte neue Fußnoten, zum anderen einige von Freud nicht markierte Veränderungen des Haupttextes. Die neu hinzugefügten Fußnoten haben unter anderem den Effekt, bei Leserinnen und Lesern zu zeitlicher Desorientierung, zu einer Verwechslung von Vergangenheit und Gegenwart zu führen, da Freud aus unklaren Gründen die von Anfang Oktober bis 31. Dezember 1900 dauernde Behandlung Doras nun mehrmals zurückverlegt ins falsche Jahr 1899. Eine weitere, nicht von Freud markierte, aber in unserem Zusammenhang wichtige Neubearbeitung des Haupttextes besteht darin, dass die oben bereits zitierte Formulierung, dass das »Moment der ›Uebertragung‹« in Doras Behandlung »nicht zur Entfaltung gelangte« (Freud, 1905e/1905, S. 290) nun von Freud in der 1924 erschienenen Neubearbeitung umgearbeitet wird zur Formulierung, dass »das Moment der ›Übertragung‹ […] nicht zur Sprache kam« (Freud, 1905e, S. 170). Kein unwesentlicher Unterschied, wie ich finde – zumal der Verweis auf die ursprüngliche Textgestalt in den *Gesammelten Werken,* der *Studienausgabe* und in der *Standard Edition* fehlt.

Und wie viel Neubearbeitung mag der Text wohl erfahren haben zwischen seiner Niederschrift im Januar 1901, von der Freud im Vorwort berichtet, und seinem von Freud aus nicht ganz klaren Gründen bis 1905 verzögertem Erscheinen im Oktober- und Novemberheft des 18. Bandes der *Monatsschrift für Psychiatrie und Neurologie*? Und in welchem Ausmaß hat Freud in dem uns vorliegenden Text zudem den realen Verlauf der Begegnung mit Dora bereits einer von seinen Interessen geleiteten Neubearbeitung unterzogen? Geschickt spielt der Autor bereits im Vorwort auf das Thema, unter das er nachträglich die gesamte Behandlung Doras stellen wird, an: »Die Niederschrift ist […] nicht absolut […] getreu, aber sie darf auf einen hohen Grad an Verlässlichkeit Anspruch machen« (Freud, 1905e, S. 167).

Freuds Metaphorik für die Übertragung verweist Leserinnen und Leser von Freuds Text auf die Lektüreerfahrung zurück, die sie mit diesem Text machen. Freud greift mit seiner Übertragungsdefinition, also auf dem Höhepunkt seines Textes, eine Art des Leserbezugs auf, deren Spuren er bereits im Vorwort gelegt hatte. Dort nutzte er eine Reflexion über die ärztliche Schweigepflicht dazu, eine Typologie der »Gattung[en] von Lesern«

(Freud, 1905e, S. 165) auszuführen: Es gebe mit Blick auf den Dora-Text zunächst »unbefugte Leser« (ebd.), dann die klatschsüchtigen Leser, die eine Krankengeschichte lediglich »als einen zu ihrer Belustigung bestimmten Schlüsselroman lesen wollen« (ebd.), weiterhin allzu »keusche Leser« (ebd.) und schließlich noch die unvorbereiteten Leser, die nicht über die von Freud vorausgesetzte »Kenntnis der Traumdeutung« verfügen und für die deswegen die Lektüreerfahrung der Dora-Geschichte »höchst unbefriedigend« (Freud, 1905e, S. 168) ausfallen werde. Gerade derart unbefriedigte Leser liefen Gefahr, ihre Frustration »auf den […] Autor [zu] projizieren« (ebd.). Könnten wir hier statt »projizieren« nicht auch sagen: »übertragen«? Nimmt Freud hier eine Gestalt, die er später in der Analyse mit Dora herausarbeiten wird, bereits in der Beziehung zwischen Leser und Autor vorweg, indem er sich uns im Vorwort als in hohem Grad verlässlicher Autor präsentiert und zugleich vor ungerechtfertigten Projektionen von Leserinnen und Lesern auf sich als Autor warnt? Deutet sich hier bereits eine Verschiebung des Akzents des Übertragungskonzepts weg von der Verschiebung und hin zur Projektion an?

Lassen wir uns auf ein engagiertes, ein »dichtes« Lesen (»close reading«) ein, dann ist es so, als ob der Text uns gleich im Vorwort in eine Beziehungsszene hineinzieht und vor Entscheidungen stellt: Liebe Dora-Leserin, lieber Dora-Leser, zu welcher Leser-Gattung gehörst *Du*? Willst Du es dem anspruchsvollen Autor, der eingangs gleich vier Gattungen für seinen Text ungeeigneter Leser aufzuzählen weiß, willst Du es diesem Autor vielleicht recht machen, indem Du Dich als ein besonders befugter, besonders sachlicher, zugleich wenig prüder und zudem als ein ausreichend vorgebildeter und vorbereiteter Leser zeigst?

Ein Leser, der es seinem Autor recht machen will, wird ihm, so können wir vermuten, in der Lektüre wenig Widerspruch entgegenbringen, ganz so, wie Dora ihrem Analytiker brav ihre Träume schilderte und wenig Widerspruch entgegenbrachte. Aber vielleicht erfasst Dich, liebe Dora-Leserin, lieber Dora-Leser, im Fortgang der Lektüre auch ein zunehmender Ekel vor Deiner so leichtfertig eingegangenen (Més-)Alliance mit einem Autor, der sich im Verlauf des Textes mehr und mehr als ein »von seinen Forschungen okkupierte[r], über weite Strecken in Bezug auf die Generationendifferenz wenig einfühlsame[r] und zudem eine junge Frau mit sexuellen Deutungen bedrängende[r] männliche[r] Therapeut« (King, 2006, S. 998) entpuppt. Vielleicht verspürst Du dann sogar die Tendenz, die Lektüre vorzeitig abzubrechen, so wie Dora die Analyse abbrach. Dann hätte sich Deine Komplizenschaft gewandelt aus einer Allianz mit Freud zu einer Allianz mit Dora.

Die Themen, die in der Übertragung zwischen Freud und Dora virulent sind – Geschenk und Gegengeschenk, Komplizenschaft und scheiternde Paarbildung, Verführung und Ekel – werden so in der (Übertragungs-)Beziehung zwischen Leser und Text aktualisiert, übertragen sich also auf Leserinnen und Leser. Dementsprechend lässt sich in der Rezeptionsgeschichte des Falls, wie sie zum Beispiel von Vera King (1995) resümiert wird, eine ausgeprägte Tendenz der Interpretinnen und Interpreten beobachten, einseitig entweder für Freud oder für Dora Partei zu ergreifen.

Eine neue Definition

Jenseits des Metaphorischen entwickelt Freud auf den abschließenden Seiten des »Bruchstücks« eine Definition – mit Blick auf die *Traumdeutung* müssten wir genaugenommen sagen: eine Neudefinition (eine Neubearbeitung) – dessen, was Übertragung für die Psychoanalyse ist. Diese Definition zeichnet sich durch wenigstens fünf einflussreiche Bestimmungsstücke aus. Die Übertragung wird von Freud nun gekennzeichnet als:

- eine *Ersatzbildung:* Die Übertragung bestehe in der »Ersetzung einer früheren Person durch die Person des Arztes« (Freud, 1905e, S. 279),
- eine *Wiederbelebung:* In der Übertragung werde Vergangenes in der »aktuelle[n] Beziehung zur Person des Arztes wieder lebendig« (ebd., S. 280),
- eine *Notwendigkeit:* Die Übertragung ist etwas von der analytischen Technik »notwendig Gefordertes« (ebd.),
- etwas *Ubiquitäres:* Die psychoanalytische Behandlung »schafft die Übertragung nicht, sie deckt sie bloß […] auf« (ebd., S. 281),

➢ etwas *Hilfreiches:* Die Übertragung werde vom »größte[n] Hindernis« der analytischen Behandlung zum »mächtigsten Hilfsmittel derselben, wenn es gelingt, sie jedesmal zu erraten und dem Kranken zu übersetzen« (ebd.).

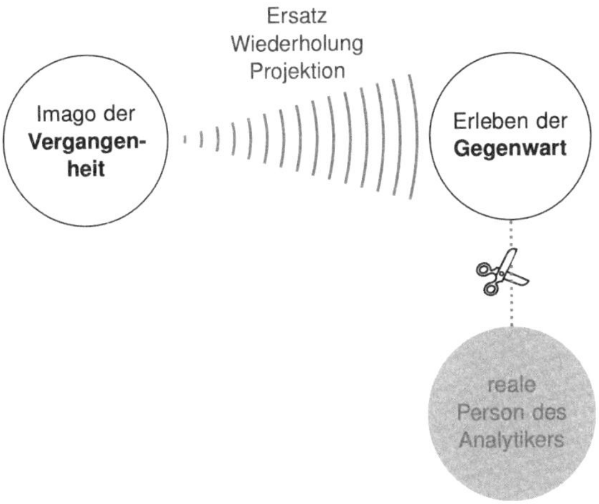

Abbildung 4: Übertragung als Objektersetzung: Das Übertragungsmodell »Dora«

Den hier ausformulierten Übertragungsbegriff wendet Freud sogleich auf Doras Behandlung an, indem er den Abbruch der Behandlung durch Dora nun als eine »Racheübertragung« (Freud, 1905e, S. 286) deutet: Dora habe, indem sie die Analyse abgebrochen habe, Freud seiner Unfähigkeit als Therapeut versichern und ihm so eine metaphorisch-uneigentliche »Ohrfeige« (ebd.), einen Schlag ins Gesicht im übertragenen Sinne geben wollen, der sich jedoch eigentlich, als konkrete Ohrfeige, gegen Herrn K. gerichtet habe. In Doras Übertragung seien Rachegefühle wiederbelebt und von Dora mit Freud verknüpft worden. Dabei habe Freuds Person ihr die Person von Herrn K. ersetzt. Herr K. seinerseits entpuppt sich bei genauerem Hinsehen wiederum lediglich als ein Ersatz für die Figur des Vaters. Die Gedankenfigur der Anheftung hat sich in die viel eindeutigere Figur des Ersatzes gewandelt. Passend zu dieser klärenden Vereindeutigung enthält Freuds (Neu-)Definition der Übertragung zugleich eine Rückversicherung für den Analytiker: Er habe zu dieser Übertragung nicht beigetragen, denn sie sei nicht erst durch die analytische Behandlung – also im Falle Doras zum Beispiel durch Freuds viel kritisierte invasive Deutungstechnik – geschaffen worden.

Schließlich enthält die Definition auch eine Selbstkritik Freuds: Wäre es ihm gelungen, diese Übertragung rechtzeitig zu »übersetzen«, also zu verstehen und zu deuten, dann hätte sie auch in der Analyse Doras zu einem Hilfsmittel des analytischen Fortschritts werden können und sich nicht als ein Hindernis erwiesen, an dem die Behandlung scheiterte. Dieser letzte Gedanke ist neu. Er beschreibt den Weg, den Freud behandlungstechnisch von den *Studien über Hysterie* (»Übertragung als Hindernis«) über die *Traumdeutung* bis zu Dora (»Übertragung als Hilfsmittel«) zurückgelegt hat.

Bei aller Ähnlichkeit findet zwischen dem Modell der *Traumdeutung* (Abbildung 3) und dem der Dora-Studie (Abbildung 4) doch eine merkliche Neuausrichtung des Übertragungsbegriffs statt. Nun geht es darum, wie internalisierte Beziehungsbilder aus der biografischen Vergangenheit sich störend über die Wahrnehmung der Gegenwart legen. Mit einem von C. G. Jung (1911, S. 164) geborgten Ausdruck bezeichnet Freud diese Bilder in »Zur Dynamik der Übertragung« auch als »Imagines«. Dora sieht Freud also nicht als die reale Person, die er in der Gegenwart ist, sondern überlagert und verzerrt durch ihre inneren Bilder von Herrn K. und ihrem Vater (»Vater-Imago«; Freud, 1912b, S. 366). Die Person des Analytikers wird so zu einer bloßen »Deckperson« (Ferenczi, 1909, S. 438) für die Gestalten der Kindheit des Analysanden. Der Akzent beginnt sich hin zu dem zu verlagern, was in Ralph Greensons einflussreicher Lehrbuch-Definition der Übertragung schließlich ganz in ihr Zentrum rückte: Übertragung als eine Fehlwahrnehmung, als ein »Irrtum in der Zeit« (Greenson, 1973 [1967], S. 163). Der Analytiker ersetzt in diesem Irrtum ein Objekt aus der (infantilen) Vergangenheit, sodass der Patient in der Übertragung nicht nur Vergangenes in der Gegenwart wiederholt, sondern damit auch innere Objektbilder, »Imagines«, ins Außen überträgt, also projiziert. Der Geschmack des Falschen, des unglücklichen Erbes der »falschen Verknüpfung«, scheint in neuem Gewand ins psychoanalytische Übertragungsdenken zurückgekehrt zu sein.

Eine therapeutische Pointe des Übertragungsmodells »Traum« bestand darin, dass der emotionale Zustand an sich immer gerechtfertigt und dass es folglich wenig sinnvoll sei, seine Patientinnen und Patienten davon zu überzeugen, dass man vor den Liften der gegenwärtigen Realität doch »in Wahrheit« gar keine Angst habe müsse (siehe das Kapitel »Theorie der falschen Verknüpfung«). Das Übertragungsmodell »Dora« legt nun durchaus nahe, den therapeutischen Hebel doch an derartiger Überzeugungsarbeit anzusetzen und daran zu arbeiten, dass Patientinnen und Patienten ihre übertragungsverzerrten Fehlwahrnehmungen korrigieren, also einsehen, dass der Therapeut »in Wirklichkeit« gar nicht so grimmig, so strafend und/oder so begehrenswert ist wie die von Patientinnen und Patienten verinnerlichten Bilder ihrer frühen Objekte. Hier erfolgt nicht nur auf konzeptueller, sondern auch auf behandlungstechnischer Ebene eine Weichenstellung.

Ich möchte kurz zusammenfassen, dass wir es an diesem Punkt mit drei Ebenen einer psychoanalytischen Theorie der Übertragung bei Freud zu tun haben:

- Die historische älteste Ebene wird gebildet von einer am Paradigma der Psychopathologie gewonnenen und von dort aufs Allgemeinpsychologische erweiterten Theorie der *falschen bzw. freien Verknüpfung* mit ihrer zentralen These der *Trennung von Vorstellung und Affekt.*
- Auf der nächsten Ebene findet sich ein weiter, am Paradigma der *Traumdeutung* (Modell »Traum«) gewonnener Übertragungsbegriff, der ungefähr dem entspricht, was Freud zuvor als falsche Verknüpfung konzeptualisierte. Übertragung wird hier verstanden als die Verschiebung eines Affekts von einer verdrängten Vorstellung (bzw. von einem unbewussten infantilen Wunsch) auf eine bewusstseinsnahe Vorstellung. Die Übertragung im weiten Sinne ist *ein grundlegender Mechanismus* dafür, wie sich *unbewusste Aspekte* des Psychischen an *bewusstseinsfähige Vorstellungen anheften.*
- Die historisch jüngste und uns vertrauteste Ebene wird gebildet von einem engen, am Paradigma des Scheiterns einer analytischen Behandlung (Modell »Dora«) gewonnenen Übertragungsbegriff, der ungefähr dem entspricht, was

> Freud in den *Studien über Hysterie* bereits metaphorisch als Übertragung beschrieb (ohne daraus einen Begriff zu bilden) und dort als eine Spezialform der falschen Verknüpfung verstanden wissen wollte. Übertragung wird auf dieser dritten Ebene verstanden als eine für die analytische Behandlung notwendige und hilfreiche Beziehungsform, die durch die *Wiederbelebung vergangener Beziehungsrepräsentanzen* in der *aktuellen Beziehung zum Analytiker oder zur Analytikerin* gekennzeichnet ist.

Seit der Falldarstellung der Dora dominiert in Freuds Sprachgebrauch ganz deutlich der enge Übertragungsbegriff der dritten Ebene. Was im »Bruchstück« zunächst noch durch Anführungszeichen als ›Übertragung‹ von der Übertragung aus der *Traumdeutung* unterschieden wird, das avanciert schließlich zum Modell für Übertragung schlechthin: Die ›Übertragung‹ (in Anführungszeichen) wird Freud zur Übertragung (ohne Anführungszeichen). Der mit dieser Entwicklung verbundene Gewinn ist offensichtlich: Der Übertragungsbegriff wird überzeugend auf die analytische Situation bezogen und wird zugleich zum zentralen therapeutischen Agens des analytischen Prozesses. Inwiefern mit dieser Bewegung der konzeptuellen Spezialisierung zugleich auch ein Verlust oder gar, wie Christopher Bollas (2006, S. 939) behauptet, ein »grundlegender Fehler« einhergeht, wird noch zu diskutieren sein.

Auftritt der Gegenübertragung

Als ein Gegen-Wort zur Übertragung prägte Freud zwar den Begriff »Gegenübertragung«, machte von diesem neuen Terminus jedoch nur äußert zurückhaltend Gebrauch. Jene Periode in der Geschichte der Psychoanalyse, die Theodore Jacobs (1999, S. 575) vorschlug als »the countertransference years« zu bezeichnen, und in der die Gegenübertragung zunehmend zum Motor des analytischen Prozesses avancierte, begann erst mehrere Jahrzehnte nach Freuds Tod.

Oftmals wird übersehen, dass sich die Gegenübertragung – freilich *avant la lettre* – bereits an einer zentralen Stelle im Entdeckungszusammenhang der Psychoanalyse findet. In der Nacht vom 23. zum 24. Juli 1895 träumte Freud den bekannten Traum von »Irmas Injektion« (Freud, 1900a, S. 111ff.). Es war der erste Traum, den Freud einer eingehenden Analyse unterzog, und der ihm schließlich in der *Traumdeutung* als schulemachendes Paradigma für Traumarbeit und Deutungsarbeit diente. Es war jener wegweisende Traum anhand dessen sich, folgen wir Freuds (1985c, S. 458) Selbstinterpretation, ihm »das Geheimnis des Traums«, nämlich die Wunscherfüllung, enthüllte. Beim Traum von Irmas Injektion handelt es sich nun bezeichnenderweise um nichts anderes als das, was wir heute einen »Gegenübertragungstraum« (Whitman et al., 1969, S. 702, eigene Übersetzung) nennen würden: »einen Traum eines Therapeuten, in dessen manifestem Inhalt einer seiner Patienten auftaucht«. Im Traum von Irmas Injektion spielt Freud eine Episode aus der – aufgrund von Freuds privaten Verstrickungen gefährlich entgleisten – Behandlung seiner Patientin Emma Eckstein durch und verarbeitet zudem Szenen aus der Therapie seiner Patientin Anna Hammerschlag, deren Fallgeschichte er am Vorabend des Traums niederschrieb (vgl. Anzieu, 1990, S. 25ff.).

Als Freud erstmals explizit von der »Gegenübertragung« schreibt, geht es allerdings nicht mehr um Injektionen, sondern – ganz wie im Entdeckungskontext der Übertragungsphänomene – um Küsse. Und mehr: Freuds zum damaligen Zeitpunkt noch erklärter Kronprinz und Erbe C. G. Jung beginnt im Juni 1909 erstmals in einem Brief an Freud die dramatische Affäre anzudeuten, in welche er sich seit Frühjahr 1908 mit der zehn Jahre jüngeren Russin Sabina Spielrein – zugleich seine Analysandin, seine Geliebte und seine wissenschaftliche Mitarbeiterin – zunehmend verstrickte. Dabei greift Jung auf eine aus dem »Bruchstück einer Hysterie-Analyse« vertraute Gedankenfigur zurück: *Sie*, die Patientin Sabina Spielrein, sei es gewesen, welche es »natürlich [und] plangemäß auf meine Verführung abgesehen« hatte, und sie, die Patientin, sei es, die nun aus enttäuschter Liebe, »für Rache« sorge, indem sie die Affäre mit ihrem Analytiker öffentlich mache (Jung, 1974, S. 252).

Freud reagiert in seinem Antwortbrief an Jung väterlich-verständnisvoll: »Solche Erfahrungen, wenngleich schmerzlich, sind notwendig und schwer zu ersparen […]. Es wächst einem so die nötige harte Haut, man wird der ›Gegenübertragung‹ Herr, in die man doch jedesmal versetzt wird, und lernt seine eigenen Affekte verschieben und zweckmäßig platzieren« (Freud, 1974a, S. 254f.). Dies ist die erste bekannte Stelle, an welcher sich das Wort »Gegenübertragung« bei Freud und damit, da es sich im Gegensatz zu »Übertragung« um eine sprachliche Neuschöpfung Freuds zu handeln scheint, in der deutschen Sprache überhaupt, findet. Doch davon ist im Brieftext rein gar nichts spürbar. Das Wort »Gegenübertragung« fällt ganz selbstverständlich und scheint Freud gegenüber seinem Brieffreund nicht weiter erläuterungsbedürftig zu sein. Es wird sich damit wohl um ein Konzept gehandelt haben, das zu dieser Zeit bereits im mündlichen Austausch unter Analytikerinnen und Analytikern um Freud zirkuliert sein musste.

Freud spricht gegenüber Jung von der Gegenübertragung, in die man versetzt *wird.* In dieser Passivkonstruktion wird der Patientin die Verantwortung für das Begehren des Analytikers zugewiesen, ganz so, wie Jung es in seinen Formulierungen Freud bereits nahelegte. Dies ist insofern bemerkenswert, als die Gegenübertragung damit bei ihrer ersten Erwähnung durch Freud bereits – wenn auch in defensiver Absicht – als eine Schöpfung des Patienten im Analytiker verstanden wurde. Das »Gegen-« scheint in diesem Zusammenhang anzeigen zu sollen, dass es sich hier nicht etwa um einen eigenen neurotischen Beitrag des Analytikers handle, sondern um eine bloße *Re*aktion, um die quasi automatische Erwiderung eines Vorgangs wie bei Angriff und Gegenwehr. Oder, vielleicht noch treffender: Wie bei einem übertragbaren (Krankheits-)Erreger und der aus der Übertragung resultierenden Ansteckung. Das Infektionsmodell der Übertragung steht hier unverkennbar Pate. Und Freuds Ratschlag an den jungen Kollegen geht ebenfalls genau in diese Richtung: Es brauche Abwehrkräfte, Abhärtung, eine harte Haut, um im Feuer der (Gegen-)Übertragungs-Liebe nicht, wie Jung und viele andere nach ihm, mitzufiebern, sondern einen kühlen Kopf zu bewahren. Es bedarf einer gehörigen Portion Gegenwehr gegenüber der Gegenübertragung, damit schließlich das gelingt, was Freud in seinem Brief an Jung auf die martialische Formel bringt: »der Gegenübertragung Herr werden«, immun gegen Erregungen werden.

Erst ein knappes Jahr nach dem zitierten Brief an Jung kommt Freud in der Sitzung der Wiener Psychoanalytischen Vereinigung vom 9. März 1910 wieder auf die Gegenübertragung zu sprechen. Und er tut dies erneut mit erstaunlicher Beiläufigkeit, nämlich in seinem Kommentar zu einem Vortrag Paul Federns über die infantilen Bedingungen des Masochismus. Aus der »Abhängigkeit vom Sexualobjekt infolge der stärkeren Verliebtheit« meint Freud (zitiert nach Nunberg & Federn, 1977, Bd. II, S. 407), eine »bedeutsame Regel für die Analyse« entwickeln zu können:

> »Während nämlich der Patient sich an den Arzt hängt, unterliegt ja der Arzt einem ähnlichen Prozess, der ›Gegenübertragung‹. Die Gegenübertragung muss vom Arzt vollständig überwunden werden; das allein macht ihn psychoanalytisch mächtig. Das macht ihn zum vollkommen kühlen Objekt, um das der andere liebend sich bewerben muß« (ebd.).

Kurz darauf wird Freud den Terminus »Gegenübertragung« dann das erste Mal in der Öffentlichkeit verwenden. Im Eröffnungsvortrag des zweiten Psychoanalytischen Kongresses in Nürnberg weist Freud am 30. März 1910 auf eine bedeutsame »Neuerung der [analytischen] Technik« hin:

> »Wir sind auf die ›Gegenübertragung‹ aufmerksam geworden, die sich beim Arzt durch den Einfluß des Patienten auf das unbewußte Fühlen des Arztes einstellt, und sind nicht weit davon, die Forderung zu erheben, daß der Arzt diese Gegenübertragung in sich erkennen und bewältigen müsse« (Freud, 1910d, S. 108).

Dies sind die zwei ersten der insgesamt lediglich vier Male, die Freud das Wort »Gegenübertragung« in seinen veröffentlichten Schriften verwendet. Die wenig später von Freud aufgestellte Forderung nach einer »Niederhaltung der Gegenübertragung« (Freud, 1915a, S. 313) scheint sich performativ im Freud'schen Text als Abwesenheit, als eine Heraushaltung aus dem Text zu zeigen.

Dazu passt es gut, dass Freud zu Silvester 1911 an Jung schreibt, dass ihm ein »Aufsatz über die ›Gegenübertragung‹ […]

notwendig scheint«, dieser »dürfe allerdings nicht gedruckt werden, sondern müßte unter uns in Abschriften zirkulieren« (Freud, 1974a, S. 527). Soweit wir wissen, wurde dieser Aufsatz nicht nur nicht gedruckt, sondern nicht einmal geschrieben. Demgegenüber gesteht Freud Sándor Ferenczi mit charmantem Augenzwinkern in einem Brief vom Oktober 1910 zu: »Ich bin auch [nicht] jener psychoanalytische Übermensch, den wir konstruiert haben, habe auch die Gegenübertragung nicht überwunden« (Freud, 1992g, Bd. I/1, S. 312). Charmant ist natürlich das »nicht«, das Freud offenbar ›vergaß‹ zu schreiben und welches von Herausgeber und Herausgeberin der Freud-Ferenczi-Korrespondenz freundlicherweise ergänzt wurde. Was für eine rätselhafte Botschaft muss es aber wohl für Ferenczi gewesen sein, als er Freuds Silvestergruß im Original las? Es ist fast so, als ob Freud in seinem Verschreiben das, worüber er schreibt, zugleich vorführen wolle: Wenn wir letztendlich nicht Herren im eigenen Haus sind und wenn daher die Botschaften, die wir – zum Beispiel in Briefform – versenden doch immer nur eine Kompromissbildung aus unseren bewussten Absichten und anderen, uns selbst nicht durchsichtigen Motiven sind, dann werden wir wohl oder übel auch nicht Herren über die Gegenübertragung werden können. Das, was wir Psychoanalytikerinnen und Psychoanalytiker im Versuch, die Gegenübertragung vollumfänglich zu beherrschen, konstruiert haben, jener vollkommen kühle, vollkommen indifferente Chirurgen-Spiegel-Super-Analytiker, das lässt sich, so Freud hier, letztlich wohl nur karikieren als eine Größenfantasie, als eine Fantasie von einem psychoanalytischen Übermenschen. Und vielleicht ist die Fantasie ja nur eine Gegenbewegung zu unserer Angst, dass wir, wie Jung, in Fleisch und Blut verwickelt werden könnten von eben jenen unbewussten neurotischen Zaubermächten, die zu bannen wir uns doch gerade zur Aufgabe gemacht hatten.

Schließlich wird es Freud mit Blick auf die Gegenübertragung auch um etwas ganz anderes gegangen sein als um Kälte. Im Februar 1913 schreibt er in einem Brief an Ludwig Binswanger:

> »Das Problem der Gegenübertragung […] gehört zu den technisch schwierigsten der Psychoanalyse. Theoretisch halte ich es für leichter lösbar. Was man dem Patienten gibt, soll aber

> niemals unmittelbarer Affekt, sondern stets bewußt zugeteilter sein und dann je nach Notwendigkeit mehr oder weniger. Unter Umständen sehr viel, aber niemals aus dem eigenen Unbewußten. Dies hielte ich für die Formel. Man muss also seine Gegenübertragung jedesmal erkennen und überwinden, dann erst ist man selbst frei« (Freud, 1992a, S. 125f.).

In der Arbeit mit der eigenen Gegenübertragung, so legt Freud hier nahe, geht es primär darum, jene innere Freiheit immer wieder neu zu gewinnen bzw. zurückzugewinnen, derer es bedarf, um psychoanalysieren zu können. Freiheit statt Kälte. Aus der Position der Freiheit sei es durchaus gerechtfertigt und wohl des Öfteren auch notwendig, Patientinnen und Patienten viel Wärme, viel Affekt »zuzuteilen«, wobei das »viel« hier gewiss wieder den Affekt*betrag* meint (siehe das Kapitel »Theorie der falschen Verknüpfung«) und sich daher nicht in verständnisvoller Empathie erschöpft. Vielleicht wird aus dieser sehr schönen Formulierung Freuds auch deutlich, warum er es – im Gegensatz zu vielen seiner Interpretinnen und Interpreten – offenbar nicht als einen Widerspruch erlebte, einem hungrigen Patienten ein Brot anzubieten und *zugleich* die Forderung nach strikter Abstinenz zu vertreten. Hellsichtig weist Freud im selben Brief darauf hin: »Jemandem zu wenig zu geben, weil man ihn zu sehr liebt, ist ein Unrecht an dem Kranken und ein technischer Fehler« (Freud, 1992a, S. 126). Heute würden wir mit einem nicht von Freud verwendeten Wort sagen: ein Gegenübertragungswiderstand.

Das von Freud angeschnittene Thema scheint dabei trotz erheblicher theoretischer Umwälzungen mit Blick auf die Konzeptualisierung der Gegenübertragung (siehe unten) genauso praxisrelevant wie vor 100 Jahren: Zu wenig zu geben aus Angst, zu viel zu wollen. (Gegen-)Übertragungsliebesprävention auf Kosten von Patientinnen und Patienten. Aber treffen wir gegenwärtig nicht auch zunehmend auf die Negativform dieses Themas: Zu viel zu wollen aus Angst, nichts zu geben zu haben?

Freuds Zugang zur Gegenübertragung lässt sich aus den hier zusammengetragenen Stellen nur fragmentarisch rekonstruieren. In den zwei schulemachenden Gesamtdarstellungen zur Übertragung – dem Aufsatz »Zur Dynamik der Übertragung« von 1912 und der 27. Vorlesung der *Vorlesungen zur Einführung in die*

Psychoanalyse von 1916/17 – wird Freud seine Überlegungen zur Übertragung zusammenfassen. Dabei wird er weitere einflussreiche Unterscheidungen – wie »positive« und »negative Übertragung« (Freud, 1912b, S. 371) – und konzeptuelle Erweiterungen – wie »Übertragungswiderstand« (ebd., S. 373) oder »Übertragungsneurose« (Freud, 1916–17a, S. 405) – im Begriffsumfeld der Übertragung einführen. Aber in beiden Gesamtdarstellungen kommt er bezeichnenderweise ohne einen einzigen Verweis auf die Gegenübertragung aus. Damit zeichnete sich bereits ab, dass dies wohl eine der größeren konzeptuellen Baustellen werden würde, die er seinen Nachfolgerinnen und Nachfolgern hinterlassen würde.

Konfliktlinien innerhalb des Freud'schen Übertragungskonzepts

Übertragung als Fantasie – Übertragung als Realität

In den *Studien über Hysterie* verstand Freud die Übertragung eindeutig als eine »Täuschung« (Freud, 1895d, S. 309), der man – wobei mit diesem »man« wohl vor allem Patientinnen und Patienten gemeint waren – »zum Opfer« fallen könne. Und noch der Idee des Falschen in der »falschen Verknüpfung« haftet etwas von einer ebenso harten wie eindeutigen Unterscheidung an: hier das Echte, Reale – dort das Falsche, die bloße Täuschung. Schließlich erklärte Freud (1940a [1939], S. 102) es zur Aufgabe des Analytikers, Patienten immer wieder aus der »gefahrdrohenden Illusion [der Übertragung] zu reißen« und über die »wirkliche Natur der Übertragungsphänomene zu belehren«: Auflösung der Illusion durch Belehrung über die Wirklichkeit.

Doch war es nicht gerade jene Theorie der vermeintlich falschen Verknüpfung, die auf der Wahrheit des Falschen bestand, die darauf bestand, dass der »emotionale Zustand«, so falsch und unpassend er auch erscheinen mag, seine eigene Wahrheit hat und daher »immer berechtigt« ist (Freud, 1895c, S. 346)? Ist dies nicht eine der schönen und leitenden Gedankenfiguren von Freuds größtem Bestseller, der *Psychopathologie des Alltagslebens,* dass der Sich-Versprechende gerade da, wo er sich verspricht, auf eigentümliche Art recht hat?

Wir finden bei Freud beides: Besserwisserisch-autoritäre Fehlwahrnehmungskorrektur und Akzeptanz des Irrtums als einer spezifischen Form, in der sich Wahres zeigt. Und im wohl tiefsten und witzigsten (und genau genommen auch einzigen) Text, den Freud über Übertragung *und* Gegenübertragung verfasst hat, in den »Bemerkungen über die Übertragungsliebe«, finden wir sogar noch eine dritte Option. Dort fragt sich Freud, ob man Liebe in der Übertragung von einer realen, echten Liebe unterscheiden könne oder nicht. Und im Hintergrund geht es dabei natürlich um die viel allgemeinere Frage: Können wir Übertragung (zum Beispiel als eine Form der Täuschung) klar von Realität unterscheiden, können wir die wunschgetriebene Vorstellung klar von der realitätsgegründeten Wahrnehmung differenzieren? Nach einigem Hin und Her gelangt Freud schließlich zur zenmeisterlichen Antwort, wir hätten »kein Anrecht, der in der analytischen Behandlung zu Tage tretenden Verliebtheit den Charakter einer ›echten‹ Liebe abzustreiten« (Freud, 1915a, S. 317). Da sind sie also wieder: diese Anführungszeichen, derer sich Freud schon bei der Übertragung in mitunter irritierender Weise bediente. Die Versuchung liegt nahe, diese Anführungszeichen einfach zu überlesen. Aber liegt in ihnen nicht die Pointe des Ganzen?

Schlägt Freud hier nicht eine dritte Wirklichkeit neben Täuschung und Realität vor, nämlich ›Realität‹ (Rugenstein, 2019b)? Mit derart verwendeten Anführungszeichen markiert der sie Verwendende doch, dass er das beanführungszeichte Wort anders als gewöhnlich, nämlich ironisch oder auch in einem uneigentlichen, übertragenen Sinn verstanden wissen will. Aber was soll das sein, Realität im uneigentlichen Sinne? Realität als Metapher? – Das ist: Übertragung.

Da es nun naturgemäß nicht das Allernaheliegendste war, eine psychodynamische Behandlungstechnik aus Freuds Verwendung von Anführungszeichen abzuleiten, wird hierzu traditionell auf die ironiefreieren Stellen in Freuds Schriften zurückgegriffen. So lässt sich aus Freuds Darstellung seiner Behandlung von Dora durchaus eine Behandlungstechnik herauslesen, in der Übertragungsdeutungen – etwas zugespitzt – primär darauf abzielen, die Diskrepanz zwischen der gegenwärtigen Realität und den dieser Realität unangemessenen, irrealen Reaktionen der Patientin zu betonen (»Sie behandeln mich wie Ihren Vater. Nun bin ich aber in Wirklichkeit gar nicht Ihr Vater.«). Übertragungen können in einer solchen Welt, die ohne Anführungszeichen auskommt, aufgelöst und durch realistische Wahrnehmungen ersetzt werden. Aber ist die Korrektur einer durch Denkfehler wie Übergeneralisierung, Personalisierung, Katastrophisieren oder willkürliches Schlussfolgern verzerrten Wahrnehmung durch eine der Wirklichkeit angemessenere Sicht der Welt und des Selbst nicht das angestammte Territorium einer ebenso einflussreichen wie effizienten, nicht-psychoanalytischen Therapieschule?

Übertragung als Wunschanheftung – Übertragung als Objektersetzung

Der von Freud im »Bruchstück einer Hysterie-Analyse« formulierte Gedanke, Übertragung sei die »Ersetzung einer früheren Person durch die des Arztes« (1905e, S. 279) animiert zu einer Suche danach, welche reale biografische Person der Analytiker oder die Analytikerin in der objektal verstandenen Übertragung ersetzen würde. Freuds konkreter Interventionsvorschlag gegenüber Dora: »Jetzt haben Sie eine Übertragung von Herrn K. auf mich gemacht« (Freud, 1905e, S. 282) verfolgt dieses Objektersetzungsmodell der Übertragung. Es ist der Versuch, nicht mit oder in der Übertragung zu arbeiten, sondern diese – da Hindernis – möglichst schnell aus dem Weg zu räumen. Dabei verwandelt Freud sein Übertragungsmodell der *Traumdeutung* (Übertragung der Intensität eines unbewussten Wunsches auf ein naheliegendes bewusstes Element), insofern es sich bei »Herr K.« ganz offensichtlich nicht um einen unbewussten Wunsch, sondern um eine reale Person aus dem Leben von Dora handelt. Wir könnten das etwas zugespitzt auch ein symbolisches Verständnis der Übertragungsbeziehung nennen: Genau wie in der symbolischen Deutung von Traumelementen (»eine Zigarre steht für einen Penis«) wird auch hier eine an der Überführung eines Inhalts in einen anderen Inhalt orientierte Übersetzungsschablone gesucht. Es wäre so, als meinten wir die Uneigentlichkeit der Metapher Vater der Psychoanalyse einfach übersetzen zu können in »der Begründer der Psychoanalyse«. Eine solche Übersetzung wäre natürlich nicht falsch, aber sie würde einen wesentlichen Mechanismus der Übertragung vernachlässigen: Das sprachliche Bild vom »Vater der Psychoanalyse« ist mit mehrdeutigen Anspielungen und viel stärkeren Affekten aufgeladen als die historische Aussage vom Begründer der Psychoanalyse. So wie bei der Rückübersetzung der Metapher (»eigentlich ist hier Begründer gemeint«) geht auch bei der Rückübersetzung der Übertragung in der Form »eigentlich ist hier Herr K. gemeint« etwas Charakteristisches verloren.

Eine Übertragungsdeutung, die die Objektersetzung in den Vordergrund rückt, folgt oft einem genetischen Schema: »Wenn ich tatsächlich alles an Ihnen kritisiere, wie Sie meinen, dann verhalte ich mich fast genauso, wie Sie mir Ihren Vater geschildert haben« (Gill, 1996 [1982], S. 33). Zugleich enthält dieses prototypische Beispiel aus Merton Gills bedeutender Monografie *Die Übertragungsanalyse* mit den Wendungen »tatsächlich« und »wie Sie meinen« einen deutlichen Hinweis, worauf hier deutend abgezielt wird. Aber wird mit der Deutung »Sie nehmen mich (unzutreffend) als Stellvertreter Ihres Vaters wahr« nicht lediglich eine Rationalisierung für das Befremdliche in der Übertragung angeboten? Umso bedenklicher, dass genau dieser Deutungstyp von einer Vielzahl psychodynamischer Praktikerinnen und Praktiker als Paradigma dafür angesehen wird, was es heißt, die Übertragung zu deuten (Munder, Lorenz & Gumz, 2016).

Eine besondere Komplikation tritt zudem auf, wenn durcheinandergerät, ob der Analytiker in der Übertragung der Ersatz oder das Ersetzte ist. In einem der frühesten Versuche, verschiedene Übertragungsformen zu systematisieren, wirft Wilhelm Stekel (1911) bereits beides in einen Topf: Die »Übertragung auf den Arzt« erscheint ihm als »wichtigste Form der Übertragung«, als deren weitere Formen er dann unter anderem nennt: die »Übertragung auf die Familie des Arztes«, die »Übertragung auf einen anderen Hausgenossen des Arztes« wie etwa »das Stubenmädchen, die Köchin« oder »den Hund« und die »Übertragung auf die Wohnung« des Arztes (ebd., S. 29f.). Ist es in der Übertragung auf den Arzt noch der Arzt, der gemäß dem Übertragungsmodell »Dora« eine wichtige, in der Übertragung eigentlich gemeinte Person aus dem infantilen Leben des Patienten ersetzt, so fungieren in den anderen von Stekel genannten Übertragungsformen andere Objekte vielmehr als Ersatz für Regungen, »die eigentlich an die Adresse des Arztes gerichtet sind« (ebd., S. 29). Mit einem von Franz Cohn (1928, S. 387) geprägten Begriff hat es sich eingebürgert, eine solche, auf eine »Ersatzperson für den Analytiker« gerichtete Strebung als »Nebenübertragung« von der Übertragung, in der der Analytiker selbst als Ersatz für eine andere Person fungiert, abzugrenzen. Unterscheiden wir konsequent die Übertragung (der Analytiker als Ersatz für eine Person aus der Kindheit des Patienten) von der Nebenübertragung (eine Person aus der gegenwärtigen Lebensrealität des Patienten als Ersatz für den Analytiker) und der Außenübertragung (eine Person aus der gegenwärtigen Lebensrealität des Patienten als Ersatz für eine Person aus der Kindheit des Patienten), so erhöhen sich die Optionen innerhalb des Wer-steht-für-wen-Ratespiels erheblich. Ein solches Ratespiel versperrt dabei jedoch oft den Weg zu der psychodynamisch relevanteren Frage: Welchen unbewussten Wünschen folgt ein Patient, wenn er in seinem Analytiker oder in seiner Analytikerin eine Gestalt zu finden hofft, die einer Figur aus seiner Vergangenheit gleicht (Morgenthaler, 1978, S. 64)?

Mit dem Übertragungsmodell aus der *Traumdeutung* wurde Analytikerinnen und Analytikern nahegelegt, nicht so sehr den Inhalten des vom Patienten Gesagten zu folgen, sondern den (affektiven) Intensitäten, der emotionalen Bewegung in der Stunde. Bereits eine Freud zugeschriebene technische Formel forderte: »Immer nur dort arbeiten, wo jeweils der Affekt der Patienten wirklich sitzt!« (Fenichel, 1935, S. 80). Das, was Melanie Klein (1932, S. 35) den »dringlichen Punkt des unbewußten Materials«, den Punkt der emotionalen Dringlichkeit nannte, ist hier angelegt. Es handelt sich um zwei verschiedene, wenn auch sich nicht notwendig ausschließende Hörstrategien, die beide bei Freud angelegt sind: Folgt ein Analytiker einem »*System* des Hörens« (Bollas, 2006, S. 942), indem er ständig aktiv nach versteckten Bezügen auf seine Person sucht, oder folgt er der emotionalen Bewegung in der Aufeinanderfolge der Assoziationen des Patienten, wohin auch immer dies führen mag?

Oft wird – zum Beispiel von Helmut Thomä und Horst Kächele (1985, S. 54) – in der Wiederholung der »gemeinsame Nenner für alle Übertragungsphänomene« gesehen. Die Gedankenfigur der Wiederholung ist charakteristisch für ein objektales Verständnis der Übertragung. Mit dem Wechsel von falscher Verknüpfung und Anheftung zu Objektersetzung und Wiederholung findet eine Akzentverschiebung von einem topischen hin zu einem zeitlichen Übertragungsverständnis statt: Ging es in der falschen Verknüpfung und der Anheftung primär um das Verhältnis von

Unbewusstem und (Vor-)Bewusstem, so rückt mit der Figur der Wiederholung das Verhältnis von Vergangenheit und Gegenwart ins Zentrum des Übertragungsbegriffs. Es bleibt eine Herausforderung, »tranference *without* repetition« (Etchegoyen, 1991, S. 107ff.) zu denken.

Gegenübertragung als Störung der Kommunikation – Gegenübertragung als Kommunikation von Unbewusst zu Unbewusst

Ist die Gegenübertragung bei Freud nichts anderes als die Übertragung des Analytikers auf den Patienten und damit das, was die Übertragung, zumindest nach einer möglichen Lesart, auch ist: eine zu korrigierende Verzerrung der Realität? Otto Ranks Zusammenfassung von Freuds Nürnberger Kongressvortrag, in dem der Begriff »Gegenübertragung« in die Psychoanalyse eingeführt wurde, legt dies nahe:

> »Noch andere Verbesserungen der Technik betreffen den Arzt selbst. Dieser darf seine eigene Übertragung auf den Patienten, die sogenannte ›Gegenübertragung‹, nicht übersehen, sondern muß sie jedesmal restlos aufzuheben trachten« (Rank, 1910, S. 731f.).

Hier erscheint die Gegenübertragung als eine in den neurotischen Reaktionsbereitschaften des Analytikers begründete Störung des kommunikativen Prozesses der Therapie.

Doch vollzieht Rank mit dieser schulemachenden und scheinbar Freud paraphrasierenden Definition von Gegenübertragung als »eigene Übertragung des Analytikers auf den Patienten«, also als das, was wir heute mit einem von Gereon Heuft (1990) vorgeschlagenen Begriff eher »Eigenübertragung« des Analytikers nennen würden, nicht eine fundamentale Aktzentverschiebung? Freud (1910d, S. 108) definierte in seinem Nürnberger Vortrag die Gegenübertragung immerhin als »den Einfluß des Patienten auf das unbewußte Fühlen des Arztes«. Liegt in der Gedankenfigur des unbewussten Einflusses nicht bereits der Keim für ein Verständnis der Gegenübertragung als emotionaler Antwort innerhalb eines unbewussten kommunikativen Prozesses zwischen Analytiker und Analysand?

Ohne dabei den Begriff der Gegenübertragung ins Spiel zu bringen, konzeptualisierte Freud die analytische Beziehung als eine Weise der Kommunikation von Unbewusst zu Unbewusst: Der Analytiker solle dem »gebenden Unbewußten des Kranken sein eigenes Unbewußtes als empfangendes Organ zuwenden, sich auf den Analysierten einstellen wie der Receiver des Telephons zum Teller eingestellt ist« (Freud, 1912e, S. 381), der Analytiker solle »das Unbewußte des Patienten mit seinem eigenen Unbewußten auffange[n]« (Freud, 1923a, S. 215). Sándor Ferenczi (1915, S. 28) nannte dies einen »Dialog der Unbewußten«. In diesem dialogischen Modell soll der Analytiker den Einfluss des Patienten auf sein Unbewusstes, also genau das, was Freud in Nürnberg noch unter »Gegenübertragung« zu verstehen vorschlug, nicht etwa aufheben, sondern zulassen. Innerhalb dieser unbewusst-kommunikativen und von Freud mit der Übertragungsmaschine schlechthin, dem Telefon, metaphorisierten Verbindung könne das Unbewusste des Patienten nicht nur vom Analytiker empfangen, sondern von diesem auch, und zwar zunächst in sich, bewusst gemacht werden, denn ganz wie »der Receiver [des Telefons] die von Schallwellen angeregten elektrischen Schwankungen der Leitung wieder in Schallwellen verwandelt, so ist das Unbewußte des Arztes befähigt, aus den ihm mitgeteilten Abkömmlingen des Unbewußten dieses Unbewußte, welches die Einfälle des Kranken determiniert hat, wiederherzustellen« (Freud, 1912e, S. 381f.). Handelt es sich hier etwa um die »objektive Möglichkeit der Gedankenübertragung und damit auch der Telepathie«, über die Freud (1933a, S. 58) seine Leserinnen und Leser anregt, »freundlicher zu denken«? In jedem Fall lieferte Freud mit dem hier skizzierten kommunikativen Modell der unbewussten Einflussnahme jenen konzeptuellen Rahmen, in dessen offensichtliche Leerstelle (Senden, Teller = Übertragung; Empfangen, Receiver = ?) die Gegenübertragung dann von Paula Heimann eingepasst werden konnte und sie so zu ihrer für die Neubewertung der Gegenübertragung ausschlaggebenden Grundannahme führte, dass »das Unbewusste des Analytikers das Unbewusste des Patienten versteht« (Heimann, 2016 [1950], S. 113).

Zur Technik: Beherrschen – Deuten – Handhaben

Wir finden bei Freund mindestens drei verschiedene, nicht widerspruchsfrei ineinander aufgehende Modelle dafür, wie es in der analytischen Situation mit Übertragungen umzugehen gelte. Die Übertragung wandelt sich dabei von einem von Analytikerinnen und Analytikern zu beherrschenden Behandlungshindernis zunehmend zu einer zu deutenden Informationsquelle über das Unbewusste des Patienten. Schließlich taucht bei Freud auch die Vorstellung von der Übertragung als ein durch Analytikerinnen und Analytiker in der therapeutischen Beziehung zu handhabendes Phänomen auf. Eine analoge Entwicklungslinie für die Gegenübertragung deutet sich bei Freud nur an und wurde erst in seiner Nachfolge weitergeführt. Freuds spärliche Andeutungen darüber, wie wir mit unseren Gegenübertragungen umgehen sollten, kamen wohl auch aufgrund der zeitlichen Verzögerung in der Konzeptentwicklung nicht erheblich über das Modell »Beherrschen« hinaus.

Beherrschen

In Freuds frühen Beschreibungen sowohl der Übertragung als auch der Gegenübertragung finden wir eine erstaunlich parallele Formulierung. Aufgabe des Analytikers sei es, »der Übertragung rechtzeitig Herr zu werden«, schreibt Freud (1905e, S. 282) in seiner Reflexion der gescheiterten Behandlung von Dora. Und an Jung formuliert er 1909 ganz analog mit Blick auf die Gegenübertragung, es gelte, »der ›Gegenübertragung‹ Herr« zu werden (Freud, 1974a, S. 255).

Im Hintergrund scheint hier der etwas naive Erkenntnis- und Fortschrittsoptimismus jenes Freud am Werk, der glaubte, das Unbewusste beherrschen und letztlich vollständig bewusst machen zu können. Freuds (1923b, S. 286) aufklärerische Konzeption von der Psychoanalyse als »Werkzeug, welches dem Ich die fortschreitende Eroberung des Es ermöglichen soll«, beginnt in jenem Herrschaftsmodell, die Beziehung zwischen Analytiker und Analysand ebenso zu strukturieren wie die Beziehung des Analytikers zu sich selbst: Übertragungsbeherrschung als In-den-

Griff-Bekommen des Anderen; Gegenübertragungsbeherrschung als In-den-Griff-Bekommen von sich selbst. Beide Verhältnisse gerinnen dabei zusehends zu Machtverhältnissen, in denen wir Zeugen des dialektischen Umschlags eines aufklärerischen Befreiungsunternehmens in ein mehr oder weniger borniertes Verhältnis der (Selbst-)Unterdrückung werden (Rugenstein, 2022a). Erklärt Freud schließlich die Übertragung zu einem interpersonellen »Schlachtfeld« (Freud, 1916–17a, S. 472), so könnte man parallel davon sprechen, dass die Beherrschung der Gegenübertragung für Generationen von Analytikerinnen und Analytikern zusehends zu einem inneren Schlachtfeld geriet, auf dem mitunter schweres Geschütz aufgefahren wurde.

Freuds Umgang mit Dora trägt deutliche Spuren eines Verhörs, ja, mitunter könnte man tatsächlich meinen: einer Schlacht, in welcher Dora angesichts der schweren Deutungsgeschütze, die ihr übermächtiger Gegner auffährt, nichts anderes übrigbleibt, als den Rückzug und schließlich die Flucht vom Schlachtfeld anzutreten. In der Idee, dass Analysieren bedeute, Herrschaft auszuüben, und sei es auch nur in der subtilen Form der Entscheidungsmacht darüber, was »angemessen« und was »unangemessen«, was bloße Vorstellung und was realistische Wahrnehmung sei, in dieser Idee scheint etwas von der Konzeption der Übertragung als ein, wenn schon nicht aus der Welt zu schaffendes, so doch wenigstens zu beherrschendes, Hindernis überwintert zu haben. Gelingt es, den Gegner auf diesem Schlachtfeld zur Aufgabe zumindest seines Widerstands zu drängen, dann, so die Hoffnung, winkt am Ende gar ein Landgewinn: »Wo Es war, soll Ich werden« (Freud, 1933a, S. 86).

Deuten

Der Härte eines naturwissenschaftlich-technisch grundierten, aufklärerischen Paradigmas der wachsenden Herrschaft über sich und die Welt stellt Freud die Weichheit eines eher romantisch akzentuierten Übersetzungsparadigmas der Übertragung zur Seite. Er greift das bereits in der Theorie der falschen Verknüpfung und im Übertragungsmodell der *Traumdeutung* auftauchende übersetzerische Modell der Übertragung bezeichnenderweise an genau jener Stelle wieder auf, an der er die Übertragung erstmals zum mächtigsten Hilfsmittel der Analyse erklärt: »Die Übertragung [...] wird zum mächtigsten Hilfsmittel [der Analyse], wenn es gelingt, sie jedesmal zu erraten und dem Kranken zu übersetzen« (Freud, 1905e, S. 281). Wichtig ist hier die Konditionalkonstruktion: Die Übertragung ist nicht *per se* ein Hilfsmittel, sondern nur dann, wenn es gelingt, die Übertragung zu übertragen, sprich: zu übersetzen.

Im Metaphernmodell gesprochen, könnten wir diese Übersetzungsaufgabe auch so formulieren: Aufgabe des Analytikers ist es, manifeste Inhalte, die der Patient in die Stunde bringt, aus jenem Bereich, in welchem der Patient sie kontextuell verortet hat (»source domain«) herauszulösen, also zu ana-lysieren, um sie dann in einem anderen Bereich (»target domain«) probeweise neu zu situieren. Wenn ein Analytiker auf die Assoziation seiner Patientin: »Ich habe mich gerad gefragt, wie viele Patienten hier wohl so am Tag bei Ihnen liegen« mit den Worten reagiert: »*Bei* mir liegen?«, dann schlägt er mit seiner Intervention vor, die Worte der Patientin aus dem harmlosen thematischen Feld »Arbeitsalltag« ins thematische Feld des Sexuellen zu übertragen, in dem sie eine andere Bedeutung gewinnen. Dabei bleibt eine gute Übersetzung, so zumindest kennen wir es aus der Literatur, ganz nahe am zu übersetzenden Text, so wie das obige Beispiel einer psychoanalytischen Deutung ganz nahe an den manifest geäußerten Worten der Patientin bleibt.

Eine Gefahr des Übersetzens besteht darin, ständig einzelne Vokabeln im Lexikon nachzuschlagen und darüber das Gespür für den Gesamtfluss des Textes, für seinen Tonfall, für seinen Rhythmus, für seine Melodie zu verlieren und stattdessen unablässig danach zu fragen, welche Bedeutung denn nun gerade dieses isolierte Traumdetail oder diese konkrete Assoziation »eigentlich« habe. Der Analytiker wird so zu einem Besserwisser. Sándor Ferenczi und Otto Rank (1924, S. 32) kritisierten in diesem Sinne bereits 1924 den in der Psychoanalyse um sich greifenden »Deutungsfanatismus«.

Dennoch konnte sich die Vorstellung von der Deutung als der hauptsächlichen Intervention von Analytikerinnen und Analytikern fest etablieren. Dabei konnte man sich getrost auf Freud berufen, der die Psychoanalyse als »eine Deutungskunst«

(Freud, 1920g, S. 16) bestimmte und Deuten wiederum verstanden wissen wollte als »einen verborgenen Sinn finden« (Freud, 1916–17a, S. 83). So wurde der Psychoanalytiker zum (Tiefen-)Hermeneutiker, der zwischen den Zeilen des Patienten nach verborgenem Sinnvollen suchte.

Schließlich wurde die Verbindung von Übertragung und Deutung mit James Stracheys immens einflussreichem Aufsatz »The Nature of the Therapeutic Action of Psycho-Analysis« fixiert und ins Zentrum psychoanalytischer Behandlungstechnik gerückt. Strachey (1936 [1934], S. 500) erklärte die Übertragungsdeutung, die sich auf einen dringlichen Punkt des gegenwärtigen Geschehens beziehe, zum wichtigsten Instrument psychoanalytischer Therapie, denn sie sei die einzige Deutungsform, die nachhaltige Veränderung bewirke und die man daher auch »›mutative‹ Deutung« nennen könne. Die mutative Deutung ziele darauf ab, dem Patienten den »Unterschied […] zwischen seinem archaischen Phantasie-Objekt und dem realen äußeren Objekt«, also den Unterschied zwischen seinen lediglich auf die Person des Analytikers übertragenen Vorstellungen und der Wahrnehmung des realen Analytikers, zu verdeutlichen. Die Übertragung wird hier gedeutet, um »das Ich des Patienten in der Fähigkeit, Phantasie und Realität zu unterscheiden, zu stärken« (ebd., S. 505). Gelinge diese Unterscheidung, so führe dies ganz nebenbei auch zur Introjektion des Analytikers als eines weniger archaischen, weniger aggressiven, weniger strengen Objekts und damit zu struktureller psychischer Veränderung.

Mit der etwas formlosen Restkategorie der »Nichtübertragungsdeutungen« führte Strachey (ebd., S. 513) zugleich eine Unterscheidung ein, die vorbildliches analytisches Arbeiten als ein konsequentes Deuten der Übertragung von anderen analytischen Arbeitsweisen abgrenzte, denen nun der Hauch des Despektierlichen, weil Nichtmutativen, anzuhaften begann. Analysieren hieß fortan: Übertragungsdeuten.

Handhaben

Mit der Idealisierung der Übertragungsdeutung geriet zunehmend aus dem Blick, dass Freud neben dem Deuten eine zweite eigenständige Art des Umgangs mit der Übertragung konzeptualisierte, die er »Handhabung der Übertragung« (Freud, 1914g, S. 134) nannte. Die vielzitierte Stelle, nach welcher die »Handhabung [der Übertragung] das schwierigste wie das wichtigste Stück der analytischen Technik« darstelle (Freud, 1925d, S. 69), bekommt etwas Überraschendes, sobald wir verstehen, dass Freud hier mit der »Handhabung« nicht etwa den Umgang des Analytiker mit der Übertragung im Allgemeinen, also einschließlich der Übertragungsdeutung, meinte, sondern dass er mit ihr einen spezifischen nicht deutenden Bereich der analytischen Tätigkeit anvisierte. So unterscheidet Freud (1926e, S. 260) klar »die Deutungskunst […] und die Handhabung der Übertragung«. Und obgleich »[j]eder Anfänger in der Psychoanalyse […] zuerst vor den Schwierigkeiten [bangt], welche ihm die Deutung« bereite, sieht Freud »die einzigen wirklich ernsthaften Schwierigkeiten« beim Erlernen der analytischen Technik gerade nicht im Deuten, sondern vielmehr »bei der Handhabung der Übertragung« (Freud, 1915a, S. 306).

Was er aber genau unter Handhabung verstanden wissen wollte, ließ Freud in charmanter Weise offen. Herbert Will (2001, S. 209) arbeitet überzeugend heraus, dass Freud mit der Handhabung der Übertragung den »Handlungsaspekt des analytischen Arbeitens und […] den Beitrag des Analytikers zur Interaktion« thematisiert, also auf etwas vorausweist, dessen Bedeutung sich später unter anderem im Herzen des sozialkonstruktivistischen Verständnisses der Übertragungsanalyse finden wird, wie es Merton Gill (1996 [1982]) oder auch Helmut Thomä und Horst Kächele (1985) ihren Arbeiten zugrunde legen.

Das von Freud unter dem Aspekt der Handhabung gefasste »gezielte und überlegte Handeln des Analytikers zur Beeinflussung der Übertragungssituation« (Will, 2001, S. 218) beinhaltet nicht nur die Steuerung der Übertragung im Sinne ihrer Begrenzung oder Vertiefung sowie den Umgang mit krisenhaften, deutend nicht mehr zu bewältigenden Zuspitzungen der Übertragung, sondern ließe sich auch – Freud deutet dies lediglich an – auf derart fundamentale nicht deutende Handlungen des Analytikers anwenden, die wir unter der Überschrift »Zurverfügungstellen des analytischen Settings« zusammenfassen können. So bringt Freud die Handhabung der Übertragung beispielsweise damit in Verbindung, dem Patienten »die Übertragung als Tummelplatz [zu eröffnen], auf dem ihm gestattet wird, sich in fast völliger Freiheit zu entfalten« (Freud, 1914g, S. 134). Die später unter den Schlagworten »Deutung« versus »Beziehung« geführte Technikdebatte setzt an dieser Konfliktlinie an und führt zu der etwas schematischen Entgegensetzung einer deutenden Übertragungs-Einsichtstherapie (Sich-in-den-Weg-Stellen – Übertragung – Wiederholung – Deutung – Einsicht) und einer emotionalen Beziehungs-Erlebenstherapie (Sich-zur-Verfügung-Stellen – Beziehung – Hier-und-Jetzt – emotionale Erfahrung – Neubeginn) (siehe Haynal, 1989).

Gegenübertragung heute: Von der Sackgasse zum Königsweg?

Die Gegenübertragung wurde von Freud nicht nur in den psychoanalytischen Diskurs eingeführt, sondern auch wieder aus diesem zum Verschwinden gebracht. Nach dem famosen Auftritt, den die Gegenübertragung in den »Bemerkungen über die Übertragungsliebe« hatte, findet sie in Freuds Veröffentlichungen ab 1916 keinerlei Erwähnung mehr. Und obgleich Freuds Schülerinnen und Schüler ihm in diesem Beispiel bis zur Mitte des 20. Jahrhunderts vergleichsweise konsequent folgen sollten, hat es die Gegenübertragung doch zu einem ausführlichen Eintrag in Richard Sterbas 1936 erschienenem und von Freud (1936b, S. 761) für seine »Präzision und Korrektheit« gelobtem *Handwörterbuch der Psychoanalyse* gebracht. Sterba musste die Arbeit an seinem Wörterbuch 1937 nach den ersten fünf Lieferungen – beim Stichwort »Größenwahn« – abbrechen, sodass wir leider über keinen Paralleleintrag zum Stichwort »Übertragung« verfügen. Zur Gegenübertragung heißt es:

> »Die affektive Einstellung des Analytikers zum Analysanden wird störend, wenn sie das notwendige Ausmaß überschreitet. Dies geschieht vor allem, wenn das Unbewußte des Analytikers den Analysanden zum Objekt von libidinösen und destruktiven Tendenzen in dem Sinne nimmt, daß der Analytiker Einstellungen und Triebregungen, die er den Objekten seiner Kindheit zugewandt hatte, auf den Analysanden überträgt. Man spricht dann von *Gegenübertragung.* Das Unbewußte des Analytikers greift damit störend in den therapeutischen Prozeß ein, indem der Analytiker sich zu weitgehend mit dem Analysanden affektiv identifiziert oder indem er auf Affekte des Analysanden mit Gegenaffekten antwortet […]. Es ist daher notwendig, daß der Analytiker seine Beziehung zum

> Analysanden ständig kontrolliert, vor allem indem er sie selbst einer analytischen Erklärung unterzieht und dadurch seine Affekteinstellung dem Analysanden gegenüber auf das notwendige Maß reduziert und so seine Objektivität erhält, resp. wiedergewinnt« (Sterba, 1936–37, S. 141f.).

Sterba fasst hier gewiss treffend die zu dieser Zeit bei Psychoanalytikerinnen und Psychoanalytikern vorherrschende Auffassung der Gegenübertragung zusammen. Gegenübertragung wird hier als die Übertragung des Analytikers verstanden, als der in der Lebensgeschichte des Analytikers begründete störende Eingriff des Unbewussten des Analytikers in den analytischen Prozess. Wer gegenüberträgt, der ist in eine Sackgasse geraten.

Der Störung gilt es gemäß dem Freud'schen Modell »Beherrschen« mit der Ausübung von Selbstkontrolle zu begegnen, deren Ziel die (Wieder-)Gewinnung der angestrebten affektreduzierten Objektivität ist. Der Analytiker strebt in diesem Modell eine mehr oder weniger konsequente Ausschaltung des eigenen Unbewussten und eigener Antwortbereitschaften (»auf Affekte mit Gegenaffekten antworten«) an.

Die von Freud ebenso geforderte Empfangsbereitschaft des Analytikers für eine Kommunikation von Unbewusst zu Unbewusst dürfte damit paradoxerweise gerade nicht gefördert, sondern gestört werden. Es handelt sich um ein Modell, in dem vieles auf ein »notwendiges Maß reduziert« zu sein scheint. Ein sich selbst kontrollierender Analytiker verbündet sich mit dem vernünftigen Ich des Patienten als einem »Kontrollorgan der Realität« und versucht deutend die »realitätsbeflissenen Anteile« des Patienten-Ich zu stärken (Sterba, 1934a, S. 68).

Am hellsichtigsten erkannte wohl der frühe Wilhelm Reich das sich hier innerhalb der psychoanalytischen Behandlungstechnik abzeichnende Dilemma. Er betrachtete die Gegenübertragung als eine Störung der »wünschenswerte[n] Einstellung des Analytikers« (Reich, 1933, S. 159) und unterstrich dabei zugleich, dass diese wünschenswerte analytische Einstellung nicht etwa, wie von Sterba (1936–37, S. 142) gefordert, in »Objektivität«, sondern in der »Empfänglichkeit für das fremde Unbewusste« (Reich, 1933, S. 157) bestehe. Als Beispiele für Gegenübertragungen nennt Reich »Affektsperre«, »überhöfliches Verhalten beim Analytiker« oder eine »unlebendige, mumienartige Haltung« (ebd., S. 159, 161), also eben jene analytischen Fehlhaltungen, zu denen Sterbas Kontrollfantasien in der Geschichte der Psychoanalyse geradewegs führen sollten. Beim Lesen von Reichs Ausführungen wird deutlich, wie grundlegend sich die Verwendung des Terminus »Gegenübertragung« mittlerweile gewandelt hat: Heute würden wir das, was Reich »Empfänglichkeit für fremdes Unbewusstes« nannte, ja gerade als Gegenübertragung bezeichnen; das, was er – dem Sprachgebrauch seiner Zeit folgend – »Gegenübertragung« nannte und dieser Empfänglichkeit gegenüberstellte, würden wir heute hingegen gerade nicht als Gegenübertragung, sondern als »Gegenübertragungswiderstand« (Little, 1998 [1951], S. 170) konzeptualisieren.

Doch es gab auch frühe Versuche, den Begriff der Gegenübertragung salonfähig zu machen. In einem inspirierenden Aufsatz mit dem für seine Rezeption gewiss nicht förderlichen Titel »Okkulte Vorgänge während der Psychoanalyse« definierte Helene Deutsch »Gegenübertragung« visionär als »die unbewußte Beziehung des Analytikers zum Patienten« und plädierte bereits dafür, »die Verwendung derselben […] zu den wichtigsten Aufgaben des Analytikers« zu zählen (Deutsch, 1926, S. 423). Auch der Aufsatz »Zur Übertragung und Gegenübertragung in der Psychoanalyse« der Budapester Psychoanalytikerin Fanny von Hann-Kende, die zwischen 1932 und 1938 enge Mitarbeiterin Sándor Ferenczis war, muss wie eine Skurrilität auf das analytische Establishment gewirkt haben: Die »Gegenübertragung ist ebenso unvermeidlich wie die Übertragung des Patienten«, meint Hann-Kende (1936, S. 486) und schiebt dann ihre Schlusspointe nach: »wenn aber beide in ein entsprechendes Gleichgewicht gebracht werden können und die ›Grundstimmung‹ die führende Rolle übernimmt, wird sie die Arbeit des Analytikers nicht hemmen, sondern fördern«. Die Gegenübertragung erscheint hier bereits nicht mehr als Hemmnis, sondern als förderndes Moment der analytischen Arbeit.

Es sollte noch eine Weile dauern, bis sich die hier bereits formulierte Erkenntnis in den psychoanalytischen Mainstream durchsetzte. Dieser Entwicklung standen insbesondere zwei wirkmächtige Metaphern im Wege, die Freud (1912e) in seinen behandlungstechnischen Ratschlägen formulierte: Der »Analytiker als Chirurg« und der »Analytiker als Spiegel«. Dabei wurde oftmals die metaphorische Uneigentlichkeit beider Sprachbilder übersehen. Es ist bekannt, dass aus dem sich an einer missverstandenen Spiegel-und Chirurgenmetapher orientierenden Objektivitäts- und Kontrollideal eine psychoanalytische Behandlungstechnik abgeleitet wurde, in welcher Analytiker und Analytikerinnen mehr und mehr zu von jeglichen affektiven Regungen desinfizierten »Blech-Affen« (Stone, 1973 [1961], S. 48) mutierten. Dieses »Gespenst des ›gefühllosen‹, inhumanen Analytikers zu bannen« (Heimann, 2016 [1960], S. 201) und die konstruktive »Verwendbarkeit der Gegenübertragung« für den Deutungsprozess zu zeigen, war der Hauptantrieb hinter einem Vortrag mit dem Titel »Zur Gegenübertragung«, den die deutsch-britische Psychoanalytikerin Paula Heimann 1949 auf dem XVI. Internationalen Psychoanalytischen Kongress in Zürich hielt. Dieser Vortrag leitete einen Paradigmenwechsel im psychoanalytischen Denken über die Gegenübertragung ein.

Gegenübertragung als Forschungsinstrument

Paula Heimann schlug vor, unter »Gegenübertragung« nicht lediglich die eigenen Übertragungsbereitschaften des Analytikers zu verstehen, sondern vielmehr »*sämtliche* Gefühle, die der Analytiker gegenüber seinem Patienten empfindet« (Heimann, 2016 [1950], S. 112, eigene Hervorhebung). Ausgehend von dieser totalistischen, die Gesamtheit der Einstellungen – bewusste, unbewusste, neurotische, unneurotische, reaktive und genuine – des Analytikers gegenüber seinem Patienten einschließenden Auffassung der Gegenübertragung stellte Heimann die These auf, dass die »emotionale Reaktion des Analytikers auf seinen Patienten in der analytischen Situation eines der wichtigsten Instrumente für seine Arbeit darstellt« (ebd.). Die Gegenübertragung sei daher kein Störfaktor des analytischen Prozesses, sondern »der Schlüssel zum Unbewussten des Patienten« (ebd., S. 116). Auch wenn sich die Metaphorik vom Receiver eines Telefons hin zum Schlüssel eines Schlosses etwas verschoben hat, erscheint die Gegenübertragung hier erstmals in hilfreicher Weise eingepasst in das von Freud vorgezeichnete Modell wechselseitiger unbewusster Kommunikation.

»It's not a bug – it's a feature!« ausrufend, so der Wunsch von Heimann, könnten Analytikerinnen und Analytiker nun eine deutlich geringere Menge ihrer psychischen Energie darin investieren, sich selbst unter beständiger Kontrolle zu halten, und so mehr Freiheitsgrade dafür gewinnen, sich tatsächlich mit ihren Patientinnen und Patienten zu beschäftigen und sich für deren Unbewusstes empfänglich zu machen. Damit vollzog Paula Heimann knapp 40 Jahre nach der erstmaligen Erwähnung der Gegenübertragung durch Freud jenen Schritt nach, den Freud zwischen 1895 und 1905 bereits auf dem Gebiet der Übertragung gewagt hatte: vom (größten) Hindernis zum (größten) Hilfsmittel der Analyse.

Doch eine solch radikale Umwertung konnte wohl schwerlich gelingen ohne ihrerseits wiederum zu Übergeneralisierungen zu führen: Heimann (2016 [1950], S. 116) führt weiter aus, dass »die Gegenübertragung des Analytikers nicht nur einen integralen Bestandteil der analytischen Beziehung bildet, sondern dass sie eine *Schöpfung* des Patienten, ein Teil der Persönlichkeit des Patienten, ist«. Beschäftigt sich der Analytiker mit seiner Gegenübertragung, dann beschäftigt er sich mit seinem Patienten. Die Gegenübertragung, »ehemals Ausdruck der Neurose des Analytikers […] ist nun zu einer Manifestation der Neurose des Analysanden geworden« (Gysling, 2009, S. 191). Eine Kehrtwende, deren Totalität verdächtig anmutet. Von ihrem Hindernischarakter gänzlich befreit, soll die Gegenübertragung einen privilegierten Zugang zum Unbewussten des Patienten bieten und so, so könnte man meinen, die Traumdeutung als den Königsweg zum Unbewussten ersetzen. Gesichert seien die Schritte von Analytikerinnen und Analytikern auf diesem neuen Königsweg, so Heimann (2016 [1950], S. 116) weiter, da der Analytiker seine eigenen »infantile[n] Konflikte und (paranoiden und depressiven) Ängste in seiner eigenen Analyse durchgearbeitet hat« und daher »seinem Patienten nichts zuschreiben [wird], was in Wirklichkeit zu ihm selbst gehört«. Hier taucht sie nun also auch im Reich der Gegenübertragung auf: die saubere Trennung von Fantasie und Wirklichkeit.

Paula Heimanns radikaler Vorstoß blieb nicht unwidersprochen und führte unter anderem auch zu einem Dissens mit ihrer eigenen Analytikerin, der gegenübertragungsskeptischen Melanie Klein. So stellt die Verwendung der Gegenübertragung wohl einen der ganz wenigen grundlegenden Punkte dar, in welchem sich die post-kleinianische Behandlungspraxis von der Technik Melanie Kleins unterscheidet (Bott Spillius, 2007). Von Melanie Klein ist die schöne Anekdote überliefert, dass sie einem Ausbildungskandidaten, der unter Verweis auf die Bedeutung der Gegenübertragung in der Supervision vor allem darüber gesprochen habe, wie *er* sich mit seinen Patientinnen und Patienten fühle, gesagt habe: »Hören Sie, erzählen Sie das Ihrem Analytiker. Ich möchte eigentlich etwas über Ihren Patienten wissen« (Grosskurth, 1992, S. 570).

Paula Heimann selbst war es, die zehn Jahre nach Erscheinen ihrer Arbeit »Zur Gegenübertragung« – und fünf Jahre, nachdem Sie aus nicht vollkommen transparenten Gründen mit der Kleinianischen Schule gebrochen hatte – darauf hinwies, dass ihre Arbeit wohl »gelegentlich mißverstanden wurde, insofern einige Ausbildungskandidaten ihre Deutungen unkritisch nach dem ›Gefühl‹ gaben«, sich dabei auf ihre Gegenübertragung beriefen und nicht geneigt schienen, »ihre Deutungen an den tatsächlichen Ereignissen der analytischen Stunde zu kontrollieren« (Heimann, 2016 [1960], S. 201). Die Gegenübertragung läuft hier Gefahr, von *einem* wichtigen Hilfsmittel zur Erforschung des Unbewussten zu *dem* sicheren Kriterium dafür zu werden, welche unbewussten Wünsche und Ängste Patientinnen und Patienten gerade umtreiben. Dabei gerät aus dem Blick, dass »das Unbewußte des Patienten in den Gegenübertragungsgefühlen des Analytikers *nicht auf der Hand«* liegt (Reinke, 1995, S. 48).

Wird in naiver Weise davon ausgegangen, dass die Gegenübertragung des Analytikers einen quasi direkten und unverstellten Zugang zum Unbewussten des Patienten darstellt, dann ist eine der Pointen der Freud'schen Entdeckung des Unbewussten aus dem Raum geschafft: die Entstellung. So lässt sich in nicht wenigen Kasuistiken eine Tendenz beobachten, in einem Gegenübertragungssubjektivismus zu versinken, der sich hauptsächlich oder gar ausschließlich auf das eigene »Gefühl« meint beziehen zu können. Wobei das, was dabei oftmals als »Gefühl« deklariert wird (»ich habe das Gefühl, der Patient sitzt auf einem ziemlich großen Päckchen voll Aggression«; »ich habe das Gefühl, dass da auch was ganz schön Narzisstisches mit im Spiel ist«), bemerkenswerterweise gar keine Gefühle sind, sondern eher mit Versatzstücken aus der psychodynamischen Theorie verflochtene Urteilsbildungen. Es scheint fast so, als ob die Idee von der Gegenübertragung als Schlüssel zum Unbewussten des Patienten, von Paula Heimann einst als Antidot gegen das Gespenst des gefühllos-distanzierten Analytikers ersonnen, zunehmend selbst Gefahr läuft, zu einem neuen Gespenst zu werden.

Übertragung ↔ Gegenübertragung

Zeitgleich mit der in London lebenden Paula Heimann stellte der in Buenos Aires ansässige Heinrich Racker seine These von der Gegenübertragung als technischem Instrument in einer Reihe von mehreren programmatischen Vorträgen zwischen 1948 und 1953 der Argentinischen Psychoanalytischen Vereinigung vor: »Ein Beitrag zum Problem der Gegenübertragung« (1948); »Ein Beitrag zur Psychoanalyse der Übertragungsneurose« (1950); »Die Gegenübertragung als technisches Instrument« (1951); »Bedeutungen und Verwendungsmöglichkeiten der Gegenübertragung« (1953). Racker veröffentlichte diese Vortragstexte jedoch aus unklaren Gründen erst später (Racker, 1952, 1953, 1957), sodass das Verdienst, die Wende in der Auffassung der Gegenübertragung eingeleitet zu haben, meist mit dem Namen Paula Heimanns verbunden wird. Im Unterschied zu Heimann gelang es Racker jedoch, seine wegweisenden Thesen in ein umfassendes theoretisches Modell dessen einzubetten, wie Analytiker und Analysand in Übertragung und Gegenübertragung in gegenseitigen projektiven und identifikatorischen Prozessen aufeinander kommunikativ bezogen sind (Racker, 1978 [1960]).

Besonders einflussreich wurde dabei Rackers (1957, S. 312) – auf Helene Deutsch (1926) zurückgehende – Unterscheidung einer »konkordanten (oder homologen)« und einer »komplementären Identifizierung« in der Gegenübertragung: Konkordante Gegenübertragung erleben wir als Resonanz oder auch als Empathie. Unser Ich ist mit dem Ich des Analysanden identifiziert, oder unser Es mit seinem Es oder unser Über-Ich mit seinem Über-Ich. In der komplementären Gegenübertragung hingegen identifizieren wir uns mit den inneren Objekten des Analysanden und sind versucht, deren Rolle anzunehmen.

Die These von der Gegenübertragung als Instrument lässt sich vor diesem Hintergrund präzisieren: »Der Inhalt der Gegenübertragungsreaktion kann uns etwas über den Inhalt der Übertragungssituation lehren« (Racker, 1952, S. 347, eigene Übersetzung). Im Gegensatz zum Inhalt zeige uns die Intensität unserer Gegenübertragungsreaktion an, welcher der verschiedenen Inhalte zu welchem Zeitpunkt zu deuten sei. Die Intensität unserer Gegenübertragungsreaktion wird hier verstanden als relativ sicheres Anzeichen für den Punkt der emotionalen Dringlichkeit beim Patienten.

Formulierungen wie »Langeweile beim Analytiker ist meist ein sicheres Zeichen für den Widerstand des Analysanden« (Racker, 1952, S. 348, eigene Übersetzung) illustrieren dabei zugleich mögliche Fallstricke des Modells. So sehr wir uns danach sehnen mögen, dass es so etwas wie »sichere Zeichen« wenn auch nicht immer, so doch zumindest in den meisten Fällen geben möge, so sehr führt das Gefühl, etwas sicher zu wissen oder zu verstehen, doch wohl eher dazu, dass wir unsere Resonanzfähigkeit für Unbewusstes verlieren. Heimanns (2016 [1950], S. 116) Metapher von der Gegenübertragung als »Schlüssel zum Unbewussten« erweist sich spätestens jetzt als doppelbödig und mahnt Therapeutinnen und Therapeuten, die mit der Gegenübertragung arbeiten, zu Bescheidenheit und dazu, nicht zu vergessen, dass ein allzu sicherer Schlüssel nur dazu taugt, Unbewusstes zu verschließen, nicht aber zu öffnen.

Rackers Mechanismus der komplementären Identifizierung in der Gegenübertragung wurde von Joseph Sandler (1976) – ohne dabei explizit Bezug auf Racker zu nehmen – zum Modell einer kommunikativen Verbundenheit zwischen Analysand und Analytiker in einer komplementären Rollenbeziehung ausformuliert: Die analytische Beziehung bestehe zu jedem Zeitpunkt aus einer Rolle, die der Patient selbst verkörpert und »aus einer dazu *komplementären* Rolle, die er dem Analytiker zuweist« (Sandler, 1976, S. 44, eigene Übersetzung). Sandler (ebd., S. 45) fordert in diesem Zusammenhang von Analytikern ergänzend zur Haltung der gleichschwebenden Aufmerksamkeit eine »gleichschwebende Responsivität«, eine innere Reaktions- und Antwortbereitschaft auf die ihnen von Patienten unbewusst unterbreiteten Rollenangebote. Eine derartige Rollen-Responsivität (*role-responsiveness*) versteht Sandler (ebd.) als ein »zentrales Element der ›hilfreichen‹ Gegenübertragung« des Analytikers. Die Übertragung stellt dann einen Versuch des Patienten dar, seinen Analytiker als Objekt in einem Beziehungsspiel zu verwenden, dessen Regeln beiden Mitspielenden zunächst noch unbewusst sind. Dies beinhaltet auch die später im Konzept des Enactment (Jacobs, 1986) aufgehende Erkenntnis, dass der Analytiker die ihm vom Patienten angetragene Rolle oft erst *nachträglich* erkennt, also erst dann, wenn es bereits zu einer Verstrickung in den Rollen gekommen ist. Um als responsiver Mitspieler an diesem Spiel teilnehmen zu können, müssen Analytikerinnen und Analytiker über die Fähigkeit verfügen, sich innerlich den Rollenangeboten ihrer Patientinnen und Patienten zur Verfügung zu stellen, sich also der Übertragung als Objektverwendung auszusetzen.

»Objektverwendung«, ein Terminus, der von Donald W. Winnicott (1973 [1969]) stammt, legt nahe, dass wir unseren Patientinnen und Patienten erlauben, etwas mit uns bzw. in uns zu machen, und dass wir uns erlauben, dies dann in der Gegenübertragung zu spüren, ohne es abwehren zu müssen, aber auch ohne entsprechend des Verspürten handeln zu müssen. Heinrich Racker legte nahe, diese Verbindung von Übertragung und Gegenübertragung über den von Melanie Klein (1946) erstmals beschriebenen und von Wilfred Bion (1990 [1962]) zu einer grundlegenden nonverbalen Kommunikationsform erweiterten Mechanismus der projektiven Identifizierung zu verstehen. Klein setzte das im psychoanalytischen Diskurs mittlerweile immens einflussreiche Konzept der projektiven Identifizierung scheinbar beiläufig in die Welt und verspürte in der Folge keine starke Tendenz, sich in ihren Veröffentlichungen weiter damit zu beschäftigen. Eine gewisse Parallele zu Freuds Schöpfung des Konzepts der Gegenübertragung tut sich hier auf. Die beiden Konzepte »Gegenübertragung« und »projektive Identifizierung« gingen schließlich – mit Bedeutungsverschiebungen, mit denen der Schöpfer und die Schöpferin des entsprechenden Konzepts wohl nicht einverstanden gewesen wären – eine enge Verknüpfung miteinander ein und wurden zum Treiber einer theoretischen und klinischen Neuorientierung, die in vielen psychoanalytischen Schulen mit einer Wende zu einer stärker intersubjektiven Ausrichtung einherging.

Patientinnen und Patienten, so die sich im zeitgenössischen Kleinianischen Denken herausbildende Vorstellung, würden für sie Unerträgliches und Unbewusstes qua projektiver Identifizierungen aus sich evakuieren und im Analytiker unterzubringen versuchen, um es dann dort kontrollieren zu können. Aufgabe des Analytikers ist nun das Durcharbeiten dieser in ihn projizierten Aspekte des Patienten in der Gegenübertragung, die, folgen wir einem von Heinz Weiß (2007) vorgeschlagenen Modell, in sechs Phasen geschieht:

➢ *Anheftung:* Die Projektion des Patienten muss den Analytiker erreichen und sich an seiner psychischen Oberfläche an irgendeine zur Projektion halbwegs passende Eigenschaft anheften. Die Projektion wird hier vom Analytiker noch als etwas Äußerliches erlebt (»Ihre Stimme klingt heute so, als ob Sie von mir genervt sind.«) »Anheftung« war, daran möchte ich erinnern, eines der Leitworte des Freud'schen Übertragungsdenkens aus der *Traumdeutung*.

➢ *Eindringen:* Erst in einem zweiten Schritt gelangt die Projektion, wenn der Analytiker sich rezeptiv dafür zur Verfügung stellt, ins Innere des Analytikers und löst nun Gefühle, Gedanken und Handlungstendenzen in ihm aus. Im Gegensatz zur ersten Phase könne die Übertragung des Patienten nun, so Weiß (2007, S. 188), »nur noch über die Gegenübertragung erfasst werden«. Daher kommt der Gegenübertragung in diesem Behandlungsmodell ein schwer zu überschätzender Stellenwert zu. Die Modelle vom »Rezeptor [...], an welchen sich die Projektion bindet« und vom Eindringen der Projektion ins Innere, wo sie »das psychische Gleichgewicht des Analytikers [...] alteriert« (ebd., S. 185, 188), erinnern nicht von ungefähr an das medizinische Übertragungsmodell der Ansteckung. Die projektive Identifizierung entpuppt sich teilweise als eine projektive Infektion.

➢ *Verbindung:* Die ins Innere des Analytikers eingedrungene Projektion verbindet sich dort nun in der Regel mit einem der inneren Objekte des Analytikers. Der Analytiker erlebe nun in der Gegenübertragung den »Patienten in ihm« (ebd.,

S. 191). Der Analytiker befindet sich an dieser Stelle dann idealerweise in einem ähnlichen direkten Kontakt mit dem Innenleben des Patienten, wie es sich Mesmer im Rapport zwischen Magnetisierter und Magnetiseur vorgestellt hatte (siehe Kapitel »Magnetistisches Übertragungsmodell: Rapport«).

- *Transformation:* Die Projektion muss vom Analytiker in eine verstehbare Form verwandelt werden. Dafür ist es notwendig, dass er die Identifizierung mit seinem Patienten allmählich wieder lösen kann. Für diesen Prozess müssen in der Literatur oftmals Metaphern herhalten. Bion zum Beispiel verwendet besonders gern Metaphern aus dem gastrointestinalen Bereich (Verkosten, Verdauen, Ausscheiden etc.).
- *Reprojektion:* Deuten stellt in diesem Modell eine gutartige, nicht defensive Form der Reprojektion des vom Analytiker Aufgenommenen und Verdauten auf bzw. in den Patienten dar.
- *Reintrojektion:* Der Patient kann, wenn alles gut läuft, das deutend Reprojizierte nun wieder in sich aufnehmen. Damit nimmt er nicht nur seine Projektion zurück, sondern internalisiert zugleich auch die vom Analytiker geleistete Transformationsarbeit, also das, was Bion (1990 [1962]) die Alpha-Funktion des Analytikers nannte.

Die Vorstellungen von Übertragung und Gegenübertragung als Spiel von projektiver Identifizierung und Gegenidentifizierung (Grinberg, 1958), von projektiver und introjektiver Identifizierung (Money-Kyrle, 2003 [1956]) oder von Container und Contained (Bion, 2006 [1970]), sind jeweils in umfassende theoretische Entwürfe eingebettet. Gedankenfiguren wie »projektive Identifizierung« oder »Containing« gewinnen hingegen rasch etwas Mystisches, wenn sie aus ihrem theoretischen Bezugsrahmen herausgelöst, in andere Kontexte übertragen und dann dort als generische Universalerklärungen für alle möglichen Beziehungsphänomene verwendet werden. Hier kann ein kritischer Blick auf die Tendenz, die Gegenübertragung mithilfe eines naiv missverstandenen Konzepts von projektiver Identifizierung zu definieren, vor jenen Vereinseitigungen schützen, die Helmut Thomä (1999,

S. 820) als »übersteigerten Subjektivismus eines absolut gesetzten Gegenübertragungskonzepts« kritisiert.

Eine bissige Kritik der projektiven Identifizierung aus Lacan'scher Perspektive liefert Bruce Fink (2013 [2007], S. 239–270). Er kommt dabei zu der interessanten These, dass die seit dem von Paula Heimann und Heinrich Racker eingeleiteten Paradigmenwechsel zunehmend »wachsende Faszination an der Gegenübertragung […] und ihre Erlösungsfunktion in der psychoanalytischen Theorie den Widerstand der Analytikerinnen gegenüber dem psychoanalytischen Prozess selbst widerspiegelt« (ebd., S. 241). Die Angewohnheit, Behandlungsverläufe im Sinne einer vorwiegend oder ausschließlich aus der Gegenübertragung erschlossenen Übertragung der Patientinnen und Patienten zu berichten und zu führen, kann auch als eine Abwehr gegen die Zumutung der analytischen Methode, gegen das analytische Arbeiten in freier Assoziation und gleichschwebender Aufmerksamkeit verstanden werden. Fink (ebd., S. 264) formuliert eine – vielleicht ihrerseits auch ein klein wenig übergeneralisierte – Faustregel insbesondere für angehende Analytikerinnen und Analytiker: Niemals, »niemals davon ausgehen, dass sie fühlen, was ihr Analysand fühlt, fühlen sollte oder nicht fühlen will; oder dass er sie dazu gebracht hat, auf bestimmte Weise zu fühlen und […] auf Konzepte wie projektive Identifikation« nur als »letzten Ausweg« zurückgreifen, »wenn alle anderen Erklärungen zu nichts geführt haben«.

Therapeutische Allianz und Übertragung

Die Allianz zwischen Patient und Therapeut erfreut sich im gegenwärtigen Psychotherapiediskurs einer großen Beliebtheit, gilt ihre prognostische Bedeutung für das Therapieergebnis doch als einer der eindeutigsten Befunde der Psychotherapieforschung (Flückiger et al., 2019). So sind sich Therapeutinnen und Therapeuten aller Couleur rasch einig, dass es »auf die Beziehung ankommt«. Behandlungspläne verhaltenstherapeutischer, systemischer und psychodynamischer Therapeuten, wie sie zum Beispiel im Rahmen des Berichts an den Gutachter formuliert werden müssen, beginnen regelmäßig mit einem Satz wie: »In der Behandlung wird es zunächst um den Aufbau einer tragfähigen therapeutischen Beziehung gehen.« Dabei bleibt im Vagen, was hier mit dem etwas schwammigen Begriff »Beziehung« gemeint ist und wie genau der Beitrag aussieht, den Therapeutinnen und Therapeuten zu deren »Aufbau« leisten wollen. Klar scheint jedoch zu sein, dass es in dieser therapeutischen Beziehung weniger um ein Übertragen, sondern vielmehr um ein Tragen geht. Ist die Beziehung, über deren Wichtigkeit sich alle einig zu sein scheinen, also nicht die Übertragungs-Gegenübertragungs-Beziehung, sondern etwas Umfassenderes oder gar etwas ganz anderes, nämlich so etwas wie ein übertragungsfreier Teil der therapeutischen Interaktion?

Allianz als Übertragung

Die Vorstellung, dass in psychotherapeutischen Behandlungen Allianzen eine wichtige Rolle spielen, tauchte bereits bei Freud (1895d, S. 309) auf. So wird die analytische Übertragung von ihm ursprünglich als eine »Mésalliance« verstanden (siehe Kapitel »Theorie der falschen Verknüpfung«). Dabei geht es Freud jedoch zunächst um die Miss-Allianz zwischen Vorstellung und Affekt, die erst sekundär dazu führt, dass eine Patientin wie im von Freud (ebd.) gewählten Beispiel »ganz unbrauchbar zur [analytischen] Arbeit« werde, sich also das zeigt, was wir heutzutage als eine ganz andere Miss-Allianz, nämlich als eine Ruptur in der therapeutischen Allianz (Safran & Muran, 2000) verstehen würden. Dasselbe Allianzmodell setzt sich, unter gewandeltem Vorzeichen, dann in der weiten Konzeption der Übertragung fort, wie sie sich in der *Traumdeutung* findet. Dort sprach Freud (1900a, S. 558) davon, wie ein unbewusster Wunsch seine Intensität auf eine bewusste Regung überträgt, indem er sich mit dieser »alliieren« würde.

Wenn wir die Spur des Signifikanten »Allianz« bei Freud verfolgen, gelangen wir auf ganz anderes Terrain als von uns anvisiert. Doch wir finden bei Freud auch die Idee dessen, was wir heutzutage »Allianz« zu nennen pflegen, wenn auch unter anderen Bezeichnungen. So schreibt Freud (1913c, S. 473): »Das erste Ziel der Behandlung bleibt, ihn [= den Patienten] an die Kur und an die Person des Arztes zu attachieren.« Sollte es sich hier etwa um das Vorbild für jenen Klischeesatz handeln, der sich in gegenwärtigen Behandlungsplänen so regelmäßig findet? Wenig später spricht Freud (ebd., S. 474) gar vom »Attachement« des Patienten an den Arzt. Damit das analytische Unternehmen gelingen kann, bedarf es (auch) einer Beziehung zwischen Therapeut und Patient, die in der Sphäre der Bindung, also in jenem Bereich angesiedelt ist, den wir seit John Bowlbys (1958) wegweisenden Untersuchungen nicht wie Freud mit dem französischen »attachement«, sondern mit dem englischen Wort »attachment« bezeichnen.

Freud lässt keinerlei Zweifel daran, dass er auch diesen für das therapeutische Unternehmen notwendigen Bindungsanteil der Beziehung als eine Form der Übertragung verstanden wissen will. Er schreibt, dass der Patient sich »an den Arzt attachiert hat (Übertragung)« (Freud, 1910k, S. 124). Selbst dann, wenn der Patient zum Arzt eine Bindungsbeziehung eingeht, so Freud (1913c, S. 474), reiht er »den Arzt an eine der Imagines jener Personen an, von denen er Liebes zu empfangen gewohnt war«, überträgt also die inneren Bilder von Bindungsobjekten aus seiner Vergangenheit auf die Person des Analytikers in der Gegenwart. Freud konzeptualisierte dies in »Zur Dynamik der Übertragung« schließlich als »bewusstseinsfähige und unanstößige Komponente« der Übertragung (1912b, S. 371) und betrachtete diese – man möchte sagen: im Einklang mit den Ergebnissen der gegenwärtigen empirischen Psychotherapieforschung – als »Trägerin des Erfolgs« der Behandlung. Freud verortet auch hier die Allianzkomponente *innerhalb* der Sphäre der Übertragung und stellt sie der – im Gegensatz zur »unanstößigen« Übertragung deutend zu bearbeitenden – positiven und negativen Übertragung zur Seite.

Zum Ende seines Lebens wird Freud das, was er zunächst in der berührenden Sprache der Bindung und des Attachments formulierte, sehr viel rationalistischer als einen Pakt oder Vertrag bezeichnen: Der Arzt solle einen »Pakt« mit dem »Normal-Ich« (Freud, 1937c, S. 80) seiner Patienten eingehen und sich mit diesem in Anlehnung an die reale Außenwelt verbünden, um in dieser Allianz »unbeherrschte Anteile ihres Es zu unterwerfen«. In Freuds posthum erschienener Spätschrift »Abriss der Psychoanalyse« ist das, was von ihm zunächst noch als Bindungsbeziehung konzipiert wurde, schließlich zum Krieg eskaliert:

> »Es ist wie in einem Bürgerkrieg, der durch den Beistand eines Bundesgenossen von außen entschieden werden soll. Der analytische Arzt und das geschwächte Ich des Kranken sollen, an die reale Außenwelt angelehnt, eine Partei bilden gegen die Feinde, die Triebansprüche des Es und die Gewissensansprüche des Überichs. Wir schließen einen Vertrag miteinander« (Freud, 1940a, S. 172).

Allianz versus Übertragung

Das von Freud als Pakt oder Vertrag konzipierte Verhältnis zwischen Analytiker und Ich des Patienten wurde von Richard Sterba in seinem viel rezipierten Aufsatz »The Fate of the Ego in Analytic Therapy« dann mit dem Begriff »Allianz« bezeichnet: Es gehe in der analytischen Therapie darum, eine »alliance with the [patient's] ego against the powerful forces of instinct«

(Sterba, 1934b, S. 120) zu formen. Sterbas Text liegt ein Vortrag zugrunde, den er 1932 auf dem XII. Internationalen psychoanalytischen Kongress in Wiesbaden gehalten hat. Im ebenfalls 1934 veröffentlichten deutschen Text dieses Vortrags heißt die entsprechende Stelle: Der Analytiker möge sich »entgegen den mächtigen Kräften von Trieb und Verdrängung an das Ich [des Patienten] heften« (Sterba, 1934a, S. 68). Neben dem, was bei der Übersetzung von »Trieb« mit »instinct« verlorengeht, entpuppt sich die Allianz hier als eine Übersetzung, also als eine Übertragung, von »Anheftung«. Aber war »Anheftung« nicht ihrerseits eine der frühen Gestalten der Übertragung bei Freud? Es scheint, als ob die Allianz nicht herauskommt aus dem Sog der Übertragung.

Elisabeth Zetzel (1956, S. 370) rückte dann endgültig die von ihr nun erstmals »therapeutic alliance« genannte Kooperationsbeziehung zwischen dem Analytiker und den gesunden Ich-Anteilen des Patienten ins Zentrum des Interesses. Von Anfang des Allianzdiskurses an stehen dabei Unterscheidungen im Mittelpunkt: Die Unterscheidung von Normalität und Pathologie, von realitätsorientierter Wahrnehmung und triebbesetzter Fantasie, von Gesundheit und Krankheit. Dass Freud diese Unterscheidungen zwar traf, jedoch zugleich auch unterlief, zum Beispiel indem er das von ihm postulierte »Normal-Ich« sogleich als eine »Idealfiktion« (Freud, 1937c, S. 80), also als triebbesetzte Wunschvorstellung verstanden wissen wollte, geriet zunehmend aus dem Blick. Und so war es wohl lediglich eine Frage der Zeit, bis die von Freud noch auf recht verwaschene Weise ineinander verschränkten Bereiche »Übertragung« und »Allianz« schließlich fein säuberlich getrennt werden sollten.

Am konsequentesten machte dies wohl Ralph Greenson (1973 [1967]) mit seiner Unterscheidung der therapeutischen Beziehung in die drei Ebenen »Arbeitsbeziehung (working alliance)«, »Realbeziehung (real relationship)« und »Übertragungsbeziehung (transference)«. Man könnte meinen, im Hintergrund dieser Konzeption sei die Vorstellung eines wohlgeordnet in die überlappungsfreien Bereiche Arbeit, Alltag (»Realität«) und Freizeit (»Spiel«, »Als-ob«) geschiedenen Lebens anwesend. Interessant ist es dabei, den Kontext zu bedenken, in dem Greenson sein einflussreiches Modell der Arbeitsbeziehung entwickelte: Greenson stellte dieses nämlich erstmals im Mai 1963 in einem Vortrag vor der Los Angeles Psychoanalytic Society vor. Im August des Vorjahres war Greensons berühmteste Patientin, Marilyn Monroe, unter ungeklärten Umständen nachts in ihrem Haus ums Leben gekommen. Vorausgegangen war dem ein über zweieinhalb Jahre dauernder und zunehmend entgleisender analytischer Prozess, in dessen Verlauf Greenson Monroe teils zweimal täglich sah, so noch an ihrem Todestag zu einer sechsstündigen analytischen Sitzung; Monroe aß mehrmals wöchentlich mit Greensons Familie zu Abend und Greenson begann zunehmend Kontrolle und Einfluss über sämtliche Entscheidungen in Monroes Leben auszuüben (Dittrich, 2024). So wie Freud seine Konzeption der Übertragung aus dem Scheitern der Behandlung Doras entwickelte, so scheint Greenson sein Konzept des Arbeitsbündnisses aus dem Scheitern der Behandlung von Marilyn entwickelt zu haben. Die Arbeitsbeziehung verstand Greenson (1965, S. 157) dabei als »the relatively nonneurotic, rational rapport which the patient has with his analyst«, also als eben jenen Bereich, in welchem es keine Verstrickungen zu befürchten gäbe. Wird hier nicht konzeptuell gerade das voneinander abzugrenzen versucht, was praktisch zwischen Greenson und Monroe auf besonders erschreckende Weise durcheinandergeraten war? Und fungiert die »Arbeitsbeziehung« damit nicht als Zufluchtsort für einen unbewältigten Teil der Übertragung? Unabhängig von seiner Herkunft ordnet das auf Greenson zurückgehende Drei-Ebenen-Modell aus Realbeziehung, Arbeitsbeziehung und Übertragungsbeziehung die therapeutische Interaktion und erwies sich als besonders stimulierend für die Psychotherapieforschung (vgl. Gelso & Hayes, 1998; Gelso, 2014).

Das zunächst noch mit psychodynamischen Modellvorstellungen verknüpfte Allianzkonzept wurde Ende der 1970er Jahre vom amerikanischen Psychotherapieforscher Ed Bordin zu einem transtheoretischen Allianzkonzept umformuliert. Bordin (1979) schlug eine Konzeptualisierung der Allianz vor, die er als zusammengesetzt betrachtet aus den drei Faktoren »therapeutische Aufgaben (tasks)«, »therapeutische Ziele (goals)« und »emotionale Bindung (bond)«. Die Stärke der therapeutischen Allianz ist dabei abhängig vom Grad der Übereinstimmung zwischen Patient und Therapeut hinsichtlich der Aufgaben und Ziele der Therapie und von der Qualität der Bindung zwischen ihnen. Bordin drückt die Stärke der Allianz dabei in Worten wie »fit« und »agreement« (ebd., S. 253) bzw. »bond«, »trust« und »attachment« (ebd., S. 254) aus. Wir haben mit Bordins Modell zwar psychoanalytischen Grund verlassen, sind dabei aber zugleich wieder zurückgekehrt in den Bereich von Attachment und Bindung, von dem Freuds Überlegungen zur Allianz ihren Ausgangspunkt nahmen.

Bordins Konzeptualisierung der Allianz war äußerst einflussreich und regte auch im psychodynamischen Bereich interessante Neuentwicklungen an, so zum Beispiel das auf relationalem psychoanalytischem Denken aufbauende Modell eines allianzfokussierten therapeutischen Vorgehens, in welchem es darum geht, die therapeutische Allianz ausgehend von den im therapeutischen Alltag regelmäßig auftretenden Krisen und Rupturen in der Allianz immer wieder neu zu verhandeln (Safran & Muran, 2000; Gumz et al., 2018). Es besteht kein Zweifel daran, dass ein wiederholtes sich Aufeinander-Einschwingen bezüglich dessen, was man in einer Therapie gemeinsam macht, hilfreich, nützlich und therapeutisch wirksam ist. Mit einem in diese Richtung weisenden Modell verstehen wir die therapeutische Interaktion primär als eine Bindungsbeziehung. So wie ohne Bindungsbeziehung keine Interaktion zwischen einem Kleinkind und seinen erwachsenen Pflegepersonen möglich ist, so ist wohl auch keine therapeutisch wirksame Interaktion ohne Bindung denkbar. Doch wenn die Bindungsbeziehung tragfähig ist, *was* soll sie dann eigentlich tragen? Und wo in der therapeutischen Beziehung ist dann der Platz – falls es ihn noch gibt bzw. geben soll – für jenes unbewusste triebhafte Sexuelle, das Freud gerade zur Formulierung seines Konzepts der Übertragung drängte?

Die intersubjektive Dynamik der Übertragung: Sich abarbeiten am Anderen

In diesem Kapitel möchte ich jene Konzeption der Übertragung vorstellen, die vom französischen Psychoanalytiker Jean Laplanche entwickelt wurde. Dieses Modell ist meines Erachtens besonders inspirierend, da es eine Theorie der Subjektgenese mit einer Theorie der Übertragung verbindet und dabei einige festgefahrene psychoanalytische Grundkonzepte wie »Trieb«, »Sexualität« oder »Übertragung« wieder in Bewegung bringt.

Laplanche, der in eigener Praxis in Paris als Professor an der Sorbonne sowie als Winzer im Burgund tätig war, und dessen Geburtstag sich im Erscheinungsjahr dieses Buches zum hundertsten Mal jährt, wird auch im deutschen Sprachraum zunehmend enthusiastisch rezipiert (Bayer & Quindeau, 2004; Müller-Pozzi, 2008; Aichhorn, 2019; Mertens, 2023; Rugenstein, 2023a, 2024; Hock, 2024). Dabei steht in der Regel sein Denken von Trieb, Sexualität und Gender im Zentrum. Die von Laplanche aus seiner intersubjektiven Triebtheorie abgeleiteten Konsequenzen für die analytische Praxis stießen bislang auf weniger Interesse und nehmen in den Darstellungen einen deutlich geringeren Raum ein. Laplanche selbst hat diese Prioritätensetzung in seinem Werk – und wohl auch in der Art, wie er sein Leben zwischen Universität, Weinberg und analytischer Praxis aufteilte – in gewisser Weise vorgegeben. Laplanches Überlegungen zur Übertragung finden sich vor allem im programmatisch verdichteten dritten Teil (»Die praktische Aufgabe«) seines Hauptwerks *Neue Grundlagen für die Psychoanalyse* (Laplanche, 2011 [1987]), in seinem 1991 gehaltenen Vortrag über die »Übertragung und ihre Provokation durch den Analytiker« (Laplanche, 1996a [1992]) und detailliert ausgeführt in seinen zwischen 1979 und 1984 an der Sorbonne gehaltenen Vorlesungen mit dem etwas rätselhaften Titel *Das Baquet. Transzendenz der Übertragung* (Laplanche, 1987).

Laplanche liefert ein Modell der Übertragung, in dessen Zentrum die Auseinandersetzung mit dem Anderen steht. Diese geschieht dabei auf drei Ebenen:

- Die Auseinandersetzung mit dem Anderen hat ihren Ursprung in der intersubjektiven Begegnung des Kindes mit dem konkreten Anderen, mit dem Erwachsenen und den von diesem an das Kind übermittelten, also übertragenen Botschaften.
- Auf einer zweiten Ebene folgt der Versuch, diese Botschaften des Anderen dadurch zu bewältigen, dass sie in etwas Eigenes übersetzt, also übertragen werden. Dieser Aneignungsversuch kann dabei, wie jede Übersetzung, nichts anderes sein als eine Kompromissbildung aus Verstehen und Verdrängen: Der Preis gelingender Übersetzung ist, dass in ihr immer ein unübersetzter Rest als unbewältigtes Überbleibsel der Übersetzung abfällt. Dieses Überbleibsel wird verdrängt und konstituiert das Unbewusste, das sich damit entpuppt als der ins eigene Innere verlagerte Andere, als jene innere rätselhafte Alterität, die uns dezentriert und so zu weiteren Übersetzungen bzw. Übertragungen drängt. Wird dieser Übersetzungsprozess allerdings in Form verfestigter und ganz sicherer Selbsttheoretisierungen stillgestellt, so entsteht neurotisches Leiden: Das Rätsel scheint durchschaut und gelöst. Aber die vermeintliche Lösung entpuppt sich als nicht oder nur unter großen Einschränkungen lebbar.
- Die dritte Ebene schließlich findet sich darin, die Auseinandersetzung mit dem Anderen in die analytische Situation zu übertragen und dort die ursprüngliche Übertragung, das ursprüngliche Verhältnis zum Rätsel des Anderen wiederzubeleben und neue Übersetzungen, also neue Übertragungen, anzuregen. Es geht dann darum, das Rätsel der eigenen inneren Alterität, das Rätsel des Unbewussten in eine neue, wenn auch nicht durchsichtigere, so aber doch vielleicht lebbarere Form zu bringen.

Ursprung der Übertragung: Die anthropologische Grundsituation

Die anthropologische Grundsituation

Den Ursprung der Übertragung oder die ursprüngliche Übertragung *(transfert originaire)* findet Laplanche in jener Konstellation, die er anthropologische Grundsituation *(situation anthropologique fondamentale)* nannte: in der Begegnung des Kindes mit dem Erwachsenen, in der *Begegnung zwischen Neuankömmlingen und denen, die schon da sind.* Die Mutter-Kind-Interaktion, auf welche psychodynamisches Denken sich mitunter eingeengt hat, ist lediglich ein, wenn auch ein nicht ganz so seltener, Sonderfall dieser grundlegenden Situation.

Im Vergleich mit anderen Säugetieren wird der Mensch viel zu früh geboren: Das erste Lebensjahr des Menschen stellt genau genommen ein extrauterines Embryonaljahr dar, während dessen der kleine Mensch überlebensnotwendig auf Totalversorgung von außen angewiesen ist (Portmann, 1956). Die »anfängliche Hilflosigkeit« (Freud, 1950c, S. 411) des Kindes verweist dieses auf die »helfende Macht« eines pflegenden, nährenden und Schutz spendenden »Nebenmenschen« (ebd., S. 426) und öffnet das Kind so für den Einfluss des Anderen. Wir befinden uns hier innerhalb der Sphäre der Selbsterhaltung. Bei Pflege, Nahrung und Schutz handelt es sich um angeborene, biologisch verankerte Bedürfnisse, Funktionen und Verhaltensschemata. Diese Strukturen sind weitgehend genetisch bestimmt, ganz wie die Anatomie eines Organismus. Die Sphäre der Selbsterhaltung verweist auf unser biologisches Erbe, auf das, was uns jenseits des Spezifisch-Menschlichen, am umfassenderen Bereich des Lebendigen teilhaben lässt. Der in dieser Sphäre angesiedelte Bindungsdialog – der obere Teil in Abbildung 5 – zeichnet sich aus durch eine präformierte Passung von Bedürfnis (Hunger, Sicherheit) und Angebot (Milch, Schutz). Das Neugeborene *und* der Erwachsene verfügen über einen angeborenen Code, der es ihnen ermöglicht, Bindungsbotschaften zu dekodieren, also intuitiv zu verstehen. Sándor Ferenczi (1933) nannte diesen Kind und Erwachsenem gemein seienden Bindungs-Code die »Sprache der Zärtlichkeit«.

Bei der im Bereich der Selbsterhaltung grundlegenden Vererbung handelt es sich um eine weitere Gestalt der Übertragung. Doch die Psychoanalyse, darauf insistiert Laplanche, interessiert sich gerade nicht für das durch Vererbung Übertragene, sondern für jenen spezifisch menschlichen, ergo: spezifisch komplizierten, Modus der Übertragung, der darin bestehe, dass etwas intersubjektiv erworben, also durch den Kontakt mit einem Anderen erst ins Subjekt hineinsozialisiert wird. Die biologisch verankerte Sphäre der Bindung ist für diesen intersubjektiven Übertragungsprozess jedoch von grundlegender Bedeutung, denn sie bringt den Anderen überhaupt erst ins Spiel und weist den Weg zu ihm.

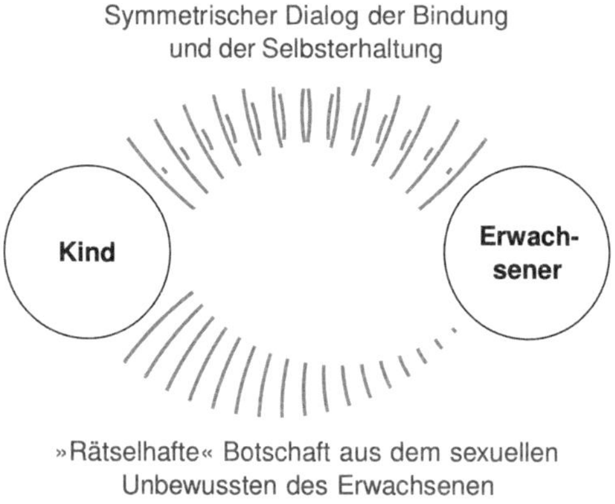

Abbildung 5: Anthropologische Grundsituation: Der doppelbödige Dialog zwischen Kind und Erwachsenem

Doch die Welt des Erwachsenen ist keine reine Sphäre der Selbsterhaltung. In unserem mehr oder weniger erwachsenen Leben geht es nicht nur um die funktionale Befriedigung von Bedürfnissen (Modell »Hunger«), sondern immer auch um die im Vergleich dazu durchaus luxuriöse, weil keiner zweckmäßigen Funktion dienende Erfüllung von Wünschen (Modell »Appetit«). Die Welt des Erwachsenen ist, so lautete die provokante These Freuds, die Laplanche erneut im Zentrum psychoanalytischen Denkens stark macht, durch und durch sexuell. »Sexuell« wohlgemerkt in jenem erweiterten Sinn, den Freud dem Wort gab, indem er es nicht auf die genitale (Fortpflanzungs-)Sexualität eingeschränkt wissen wollte, sondern damit auch und vor allem jene nicht zu einer Einheit organisierte, vielgestaltige, prä- bzw. paragenitale Sexualität meinte, deren Pointe unter anderem darin besteht, dass wir sie nicht mit der Kinderzeit hinter uns lassen, sondern dass sie als *infantile Sexualität im Erwachsenen* weiterhin aktiv bleibt und dabei nicht konfliktfrei aufgeht in der erst im Zuge der Veränderungen der Pubertät erwachenden genitalen Sexualität (Rugenstein, 2021).

Die Pflege eines Kindes ist nun einer jener Orte, welche das infantile Sexuelle im Erwachsenen in besonderer Weise anzuregen vermögen. Ein Kind ist für den Erwachsenen assoziativ mit einem sexuellen Verhältnis verknüpft, dem es seine Zeugung zumeist verdankt. Zudem wird es oft bereits vor seiner Geburt zu einem hochgradig libidinös besetzten Objekt für seine Eltern, welche es in ihre – bewussten *und unbewussten* – Wünsche miteinschließen. Wendet sich der Erwachsene dann im Bindungsdialog pflegend, nährend, fürsorgend, zärtlich und liebevoll an das auf ihn angewiesene Kind, so können wir davon ausgehen, dass alle seine Handlungen und Botschaften dabei immer auch – *und ihren manifesten Intentionen zum Trotz* – von latenten Botschaften, Wünschen und Wirkabsichten durchdrungen sind, welche aus dem infantil-sexuellen Unbewussten des Erwachsenen stammen.

Der Erwachsene ist ein zweisprachiges Wesen: Er spricht nicht nur die Sprache der Bindung, die »Sprache der Zärtlichkeit«, sondern auch die Sprache des Sexuellen, die »Sprache der Leidenschaft« (Ferenczi, 1933). Viele seiner Botschaften sind daher von einer eigentümlichen Doppeldeutigkeit gekennzeichnet. Im Gegensatz zum Erwachsenen verfügt das Neugeborene jedoch nicht über die entsprechenden Codes, mit denen es die Sprache des Sexuellen entschlüsseln könnte, weil es – so Laplanches von Freud abweichende Überzeugung – *kein* angeborenes Unbewusstes bereits mit auf die Welt bringt. Dem bedürftigen Kind steht in der Pflege damit nicht nur ein es zärtlich-versorgender und symmetrisch auf die Befriedigung seiner basalen Bindungs- und Selbsterhaltungsbedürfnisse abgestimmter Erwachsener gegenüber, sondern dem Kind steht in der Pflege auch ein Erwachsener gegenüber, der im Gegensatz zum Kind über ein sexuelles Unbewusstes verfügt. Es ist diese Differenz, die eine fundamentale Asymmetrie – der untere Teil in Abbildung 5 – ins Verhältnis zwischen Erwachsenem und Kind hineinträgt.

So kommt es, dass der klare und symmetrische Bindungsdialog zwischen Kind und Erwachsenem immer schon kompromittiert ist von Botschaften, die aus dem sexuellen Unbewussten des pflegenden Erwachsenen stammen. Laplanche (2004) spricht von »rätselhaften Botschaften« *(messages énigmatiques)*. Diese Botschaften sind, das ist wichtig, zunächst einmal für ihren Sender, für den Erwachsenen selbst rätselhaft, weil sie ja seinem Unbewussten entstammen. Wir sind nicht Herr im eigenen Haus heißt auch: Wir sind nicht Herr über den eigenen Sendemast. Ins werbefreie öffentlich-rechtliche Infoprogramm mischt sich beständig ein anarchischer Piratensender: Es sendet, Es strahlt aus, Es überträgt.

Übertragung ist für Laplanche (2011 [1987], S. 197) ursprünglich »die Beziehung zum rätselhaften Objekt«, die Beziehung zum *Rätsel des Anderen:* zum Rätsel, zu dem der Andere für mich wird, weil er sich selbst ein Rätsel ist. Und der Andere ist sich selbst natürlich nur ein Rätsel, weil er selbst einmal ein Kind war, das auf einen Anderen traf, der sich selbst ein Rätsel war, weil er selbst einmal ein Kind war und so weiter. Die Übertragung kommt zu keinem Abschluss. Sie führt uns in einem Kreis herum, wie bei Henne und Ei.

Wahrnehmung – Vorstellung – Botschaft

Bevor ich darauf eingehe, wie sich Laplanche die Bewältigung dieser für alle Beteiligten rätselhaften Botschaften durch die Psyche des Kindes vorstellt, noch ein paar Worte zu dem für Laplanches Denken so zentralen und scheinbar so selbstverständlichen Begriff der Botschaft (vgl. Passett, 2006).

Als Freud einsehen musste, dass seine Patientinnen nicht immer die Wahrheit sagten, wenn sie von früh erlebten sexuellen Übergriffen erzählten, vollzog er eine spektakuläre Neuausrichtung: Er entschloss sich, statt der »praktischen« die »psychische« Realität zum Gegenstand der Psychoanalyse zu machen (Freud, 1914d, S. 56). Im Rahmen seiner sogenannten Verführungstheorie hatte Freud (1896c, S. 438) noch postuliert, dass objektivhistorische »infantile Erlebnisse sexuellen Inhalts«, also reale sexuelle Übergriffe, die Ursache hysterischer Symptome seien.

An diese Theorie der Neurosenätiologie konnte und wollte Freud schließlich aus klinischen und persönlichen Gründen nicht mehr glauben. Freuds Aufgabe seiner Verführungstheorie im September 1897 wird konsensuell als Geburtsstunde der Psychoanalyse betrachtet: Sie brachte die entscheidende Wende von der *materiellen Realität* hin zur *psychischen Realität*, hin zur Fantasie und hin zum Unbewussten. Dabei wird oft vergessen, dass mit dieser Neuausrichtung nicht nur etwas gewonnen, sondern zugleich auch etwas verschüttet und verstellt wurde. Gerade im Gelingen blieb, wie sollte es anders sein, ein Rest. Mit der Gedankenfigur der Verführung beanspruchte Freud nämlich noch explizit »als frühzeitig erworben aufzuklären, was man bisher einer durch Heredität doch nicht verständlichen Prädisposition zur Last legen musste« (Freud, 1896c, S. 438). Der Andere, den Freud in der Verführung noch ganz zentral mitgedacht hatte, gerät mit der Neuausrichtung auf den Bereich unbewusster Fantasie aus dem Blick.

Es gibt in dieser Konstruktion genau *zwei* Realitätsbereiche: den Bereich der durch unsere Wahrnehmung gegebenen materiellen Realität und den Bereich der durch unsere Vorstellungen gegebenen psychischen Realität. Entweder objektiv-handfester sexueller Übergriff oder subjektiv-wunschgetriebene Fantasie ohne Realitätsgrundlage.

Das Wahrgenommene (etwa ein Stein) existiert außerhalb von uns und unabhängig von unseren Wünschen, Ängsten und Intentionen. Natürlich sind unsere Wahrnehmungen ständig von Interpretationen begleitet (»dieser Stein sieht aus wie ein Monster«). Andersherum können unsere Vorstellungen (»Godzilla«) wiederum ihren Ausgang von Wahrnehmungen nehmen, sie bleiben jedoch nicht an diese gebunden, sondern fügen sich im Gegensatz zu Wahrnehmungen widerstandslos unserem Wollen und Wünschen.

Die Unterscheidung von Wahrnehmung und Vorstellung ist für Freud derart fundamental, dass sie sein Denken auf eine ganz selbstverständliche und von ihm nicht weiter infrage gestellte Art grundiert. Einer Idee wie jener von der Übertragung als Irrtum, als Fehlwahrnehmung liegt eben diese Unterscheidung zugrunde: eine bloße Vorstellung aus der Vergangenheit (ein inneres Bild, eine Imago, eine unbewusste Fantasie, ein Als-ob), die sich störend in die Wahrnehmung der gegenwärtigen Realität mischt und diese verzerrt. Analysieren hieß mit Strachey (1936 [1934], S. 505), durch das Deuten der Übertragung »Phantasie [= Vorstellung] und Realität [= Wahrnehmung] zu unterscheiden«.

Mit der Kategorie der Botschaft führt Laplanche nun einen dritten, eigenständigen Bereich der Welterfahrung ein. Im Gegensatz zu Wahrnehmungen oder Fantasien können Botschaften nicht nur übertragen werden, sondern es gehört zum Wesen der Botschaft als einer für einen Empfänger bedeutungsvollen Nachricht, dass sie übermittelt bzw. übertragen wird. Botschaft und Übertragung gehören zueinander. Eine Botschaft ist nicht nur Botschaft *von etwas*, sondern sie ist immer auch Botschaft *für jemanden*. Die an mich adressierte Botschaft muss mich zwar auf irgendeine wahrnehmbare Weise – als gehörte, gesehene, getastete, ja auch als geschmeckte oder gerochene – erreichen. Doch anders als die wahrgenommene Realität – der Klang des Regens, die Kälte des Winters, der Geruch des Meeres – kann ich die Botschaft nirgendwo »da draußen« in der materiellen Wirklichkeit dingfest machen. Im Gegensatz zur Vorstellung ist die Botschaft aber auch nicht gänzlich im Bereich meiner reinen Subjektivität angesiedelt, sondern sie ist und sie verweist auf die Intention eines Anderen, der nicht Ich ist.

»Was will der Andere von mir?« – dies ist die Frage, dies ist die Herausforderung, dies ist das Rätsel der Botschaft. Denn anders als das Meer oder der Stein oder der Winter scheint der Andere irgendetwas von mir zu wollen und oftmals ist das etwas, was ihm auch selbst nicht ganz durchsichtig zu sein scheint.

Es gibt nun auch den Fall, dass eine Botschaft die ihr zuweisbare Bedeutung verliert, ohne deswegen ihr Vermögen zu verlieren, jemanden als Botschaft anzusprechen: Ich weiß, *dass* die Botschaft bedeutet, aber ich weiß nicht was (Laplanche, 2011 [1987], S. 72f.). Das berühmte geheimnisvolle – und einige würden sagen: gerade dahingehend sexuell anmutende – Lächeln der Mona Lisa zum Beispiel. Freud (1910c, S. 179) nannte es in seiner Leonardo-Studie ein »merkwürdiges, berückendes und rätselhaftes Lächeln«. Es zieht uns so sehr in seinen Bann, weil wir mit ihm nicht fertig werden, weil wir zwar irgendwie sehen, *dass* es uns etwas bedeuten will, aber wir zu keinem befriedigenden Schluss darüber kommen, *was* es bedeuten will. Oder in Freuds (ebd.) Worten: »Dies Lächeln verlangte nach einer Deutung und fand die verschiedenartigsten, von denen keine befriedigte.« Deutend wird versucht, das Lächeln in Sprache oder gar in Theorie zu übersetzen, aber es bleibt immer ein unverstandener, undeutbarer, unbewältigter Rest. Wie oft wurden wir wohl als Kinder von Erwachsenen monalisa-rätselhaft angelächelt?

Bewältigung der Übertragung: Übersetzung und Überbleibsel

Anders als es Abbildung 5 suggerieren mag, sind das Senden rätselhafter Botschaften und der rätsellose Bindungsdialog nach Laplanche nicht zwei säuberlich getrennte Kommunikationsebenen – oben das eine, unten das andere. Der Bindungsdialog ist vielmehr immer schon von rätselhaften Botschaften als eine Art Störgeräusch durchzogen. Das Halten und Pflegen, das Nähren und Beruhigen, das Schützen und Zeigen ist immer schon verwoben mit anderem, das Fragen virulent werden lässt: »Was willst du von mir, wenn du so mit mir redest, mich so berührst, mich so anschaust, mich so anlächelst?«; »Was willst du von mir, wenn du das vor mir verbirgst, mir das zeigst, mich das sehen lässt?«

Anders als die Bedürfnisse innerhalb der Sphäre der Selbsterhaltung, die sich befriedigen lassen, hat die Konfrontation mit dem Rätselhaften etwas im allerweitesten Sinne Erregendes, denn es scheint weit und breit nichts auffindbar zu sein, was die aufgeworfenen Fragen in derselben Weise zum Stillstand bringen könnte wie die Milch den Hunger. Das sexuelle Unbewusste des Erwachsenen kontaminiert den Bindungsdialog mit unbewusst-sexuellen Botschaften, mit einem erregenden Rätsel, mit dem fertig zu werden das Kind vor keine geringe Aufgabe stellt. Laplanche konzeptualisiert diese Aufgabe als Übersetzung, also als eine weitere Gestalt der Übertragung.

Übersetzen ist ein zweischneidiges Schwert. Jede Übersetzung von einer Sprache in eine andere – denken wir nur an Stracheys (1966) Übersetzung des Freud'schen »Trieb« mit dem englischen »instinct« oder an Lacans (2016 [1956]) Übertragung der Freud'schen »Nachträglichkeit« ins Französische als »après-coup« –

übersetzt zwar einen verstandenen Teil und eignet sich diesen damit an, aber muss dafür zugleich den Preis zahlen, etwas bei diesem Aneignungsprozess notwendigerweise Abfallendes unübersetzt zu lassen und gleichsam zu vergessen. Dies ist die Pointe des Laplanche'schen Übersetzungsmodells: Jede Übersetzung ist eine notwendig scheiternde Übersetzung. Das Rätsel des Anderen, das Rätsel der Übertragung, lässt sich nicht abschließend bewältigen, sondern immer nur in eine neue Form bringen, die einen neuen Rest nicht nur lässt, sondern erzeugt.

Für Laplanche stellt sich die Geschichte des Subjekts nun als eine Geschichte immer wieder neuer Übersetzungsversuche dar. Die Frage »Was willst Du von mir?« lässt sich mit zunehmender Verfügbarkeit gesellschaftlich-kultureller Codes – wie Sprache, Mythen, Geschichten etc. – in eine zunehmend überzeugendere Form bringen. Laplanche nennt den Prozess dieses In-Form-Bringens »Selbsttheoretisierung« *(autothéorisation)*. Gemeint sind damit ganz allgemein jene Mythen, Geschichten und Theorien, die wir uns erzählen, um uns zu sagen, wer wir sind, und wie die Welt und die Anderen funktionieren. Der Ödipus-Mythos ist in diesem Sinne ein ausgezeichnetes Beispiel für eine Selbsttheoretisierung, für einen notwendig scheiternden Versuch, das Rätsel des unbewussten Sexuellen übersetzerisch zu bewältigen. Das Unbewusste ist hier, das ist für das analytische Arbeiten wichtig, kein Bereich eines mit dem bewussten Sinn koexistierenden zweiten Sinns – »das Es ist kein zweites Ich« (Laplanche, 2021 [1997], S. 723) –, sondern der Bereich dessen, was noch nicht in die Sinngebung eingegangen ist, der Bereich dessen, was sich noch nicht zu einem Diskurs organisiert hat. Und »Theorie« meint dabei innerhalb dieses übersetzerischen Modells nicht nur wissenschaftliche Theorien, mit denen wir uns selbst verstehen – wie z. B. die psychoanalytischen Theorien von Freud oder Laplanche –, sondern schließt auch Theorien vom epistemologischen Status dessen ein, was Freud (1908c) »infantile Sexualtheorien« nannte.

Das hier zugrunde gelegte Übersetzungsmodell findet Laplanche in einem frühen Brief Freuds, der am 6. Dezember 1896 an Fließ von »Überlebsel[n]« schrieb und die Verdrängung als das »Versagen der Übersetzung« dieser innerpsychischen Überbleibsel einer früheren Zeit in die Sprache der Gegenwart konzeptualisierte (Freud, 1985c, S. 219). Verdrängung als das Versagen der Übersetzung – Freud selbst scheint auf diesen schönen Gedanken nicht wieder zurückgekommen zu sein.

Übersetzen ist ein Verstehen und ein Verdrängen zugleich. Das, was im Verstehen, in der Übersetzung der rätselhaften Botschaften notwendigerweise als Unverstandenes, Nicht-Übersetztes abfällt, konstituiert einen inneren Fremdkörper, der weiterhin nach Übersetzung drängt – das Quellobjekt eines sich nun erst konstituierenden Unbewussten. Übersetzend geht es also letztendlich darum, »den Anderen im eigenen Inneren in Schranken zu halten« (Laplanche, 1996b, S. 24). Das Unbewusste ist nach dieser alteritätstheoretischen Vorstellung somit gerade nicht so etwas wie unser innerster Kern oder unser eigentliches Wesen. Nein, es ist jene ursprüngliche Fremdheit des Anderen, die nun in unserem Inneren und aus unserem Inneren heraus nach weiterer Übertragung drängt.

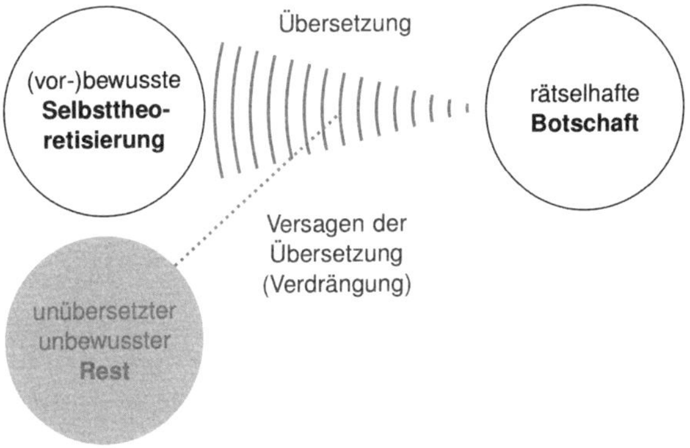

Abbildung 6: Die Übersetzung rätselhafter Botschaften und ihr notwendiges Scheitern

Wiederaufnahme der Übertragung: Die analytische Situation

In der analytischen Arbeit mit dem Unbewussten geht es nun darum, die Übertragung aus der anthropologischen Grundsituation in der analytischen Situation wieder lebendig werden zu lassen, das heißt, die ursprüngliche Übertragung in die analytische Situation zu übertragen: »Die Übertragung – im analytischen Sinne – kann gar nichts anderes sein als […] das Wieder-Öffnen der Ur-Übertragung« (Laplanche, 1988 [1984], S. 146). In der analytischen Übertragung wird eine in mehr oder weniger abgeschlossenen Übersetzungen und Selbsttheoretisierungen zum Stillstand gebrachte Bewegung wieder in Gang gebracht. Alte Übersetzungen rätselhafter Botschaften werden ana-lysiert, also ent-übersetzt (Aufgabe des Analytikers: Ent-übersetzung, »Anti-Hermeneutik«; Laplanche, 1998). Neue Übersetzungen (Aufgabe des Patienten) werden angeregt. Laplanche konzipiert die analytische Situation dabei nach einem Modell, das er »le baquet« nennt – zu Deutsch: der Bottich, der Kübel, die Wanne. Auch wenn Laplanche (1987, S. 30) diese Parallele nur andeutet, greift er mit dem Bild des Baquet das magnetistische Modell der Übertragung (siehe das Kapitel dazu) auf, denn das Baquet, der »Gesundheit-Zuber« (Mesmer, 1785, S. 86), war eine zentrale Zutat im therapeutischen Verfahren Mesmers.

Mesmer und sein Baquet

Wenn ich hier und im Folgenden vom Baquet schreibe, dann folge ich damit nicht den deutschsprachigen Laplanche-Übersetzungen, wo vom »Zuber« (Laplanche, 2011 [1987], S. 189) oder vom »Trog« (Laplanche, 1996a [1992], S. 191) die Rede ist. Stattdessen kehre ich zu der noch zu Freuds Zeiten verbreiteten Praxis in der deutschsprachigen Literatur des Mesmerismus zurück, Mesmers »baquet« als einen *terminus technicus* unübersetzt zu lassen und von »dem Baquet« bzw. »den Baqueten« (so etwa bei Ennemoser, 1852, S. 209ff.) zu schreiben.

Das Baquet war eine von Franz Anton Mesmer entwickelte technische Apparatur zur Konzentrierung des magnetischen Fluidums (siehe Abbildung 7a). Mesmer ließ den Bauplan eines Baquets in sympathischer Weise offen. Es handle sich um »eine Art von runden[,] viereckigten [sic] oder länglichten [sic] Zuber«, in dessen Innerem mehrere Lagen mit Wasser gefüllter und zuvor vom Magnetiseur magnetisierter Flaschen in »konvergenten Strahlen« angeordnet werden, alsdann fülle man das Baquet »auf eine gewisse Höhe mit Wasser an, doch so, daß es alle Flaschen bedecke; man kann auch Eisenfeilspänen [sic], zerstossen Glas, und andere ähnliche Körper hinzuthun« (Mesmer, 1785, S. 86f.). Man könne aber auch Baquete »ohne Wasser« machen, so Mesmer (ebd.) weiter. Letztlich, so lassen sich die vielfältigen, im Anschluss an Mesmer entwickelten Vorschläge zur Konstruktion besonders wirksamer Baquete (Übersicht bei Ennemoser, 1852, S. 209–223) wohl mit einem Augenzwinkern zusammenfassen, ist es einerlei, was genau man ins Baquet hineintue, Hauptsache, es wurde »vorher gut magnetisiert« (ebd., S. 213).

Aus dem mit allerlei gut magnetisierten Dingen gefüllten Baquet ragen »eiserne Stäbe« (Mesmer, 1785, S. 88) heraus, die das im Baquet konzentrierte magnetische Fluidum auf den »leydenden Theil« des Körpers der Magnetisierten übertragen und durch diese Übertragung für Heilung sorgen. Mesmers Baquet ermöglichte die Behandlung mehrerer Kranker zur gleichen Zeit und stellt damit eine frühe Form der Gruppentherapie dar. Für unseren Kontext relevant ist hierbei vor allem, dass das Baquet bei Mesmer als »ein gemeinschaftlicher Brennpunkt« (Mesmer, 1814, S. 116) fungiert: Es ermöglicht die Akkumulation und Konzentration von Energie (»Fluidum«) und schließlich die (heilsame) Energieübertragung.

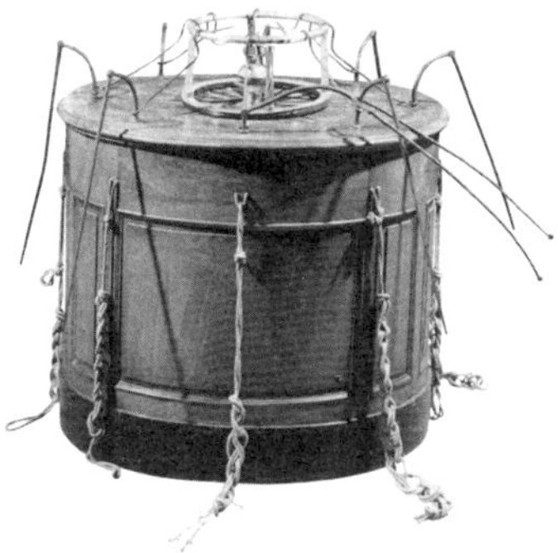

Abbildung 7a: Von Mesmer benutztes Baquet aus Walnussholz mit acht Eisenstäben, 1784. Musée d'histoire de la Médecine et de la Pharmacie, Lyon

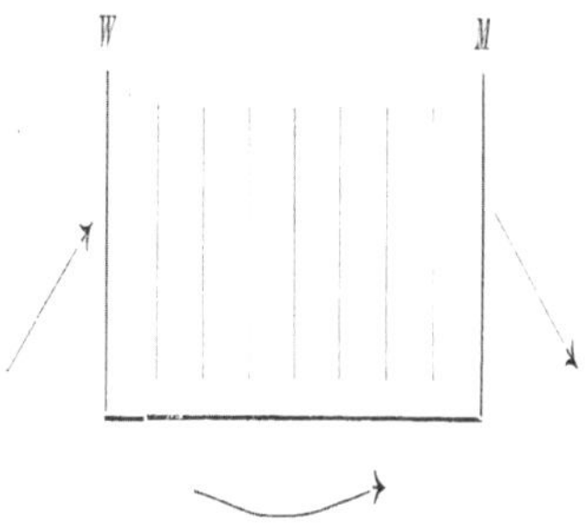

Abbildung 7b: Die Wanne aus dem siebten Kapitel der Traumdeutung (Freud, 1900a, S. 542), Inspiration für Laplanches Baquet

Der Analytiker und sein Baquet

Bei Laplanche ist die Rede von »le psychanalyste et son baquet« (Laplanche, 1987, S. 7), vom Psychoanalytiker und seinem Baquet. Wenn Laplanche (ebd., S. 30) das Bild des Baquet einführt, so tut er dies, um damit »die Grenze zwischen einem Innerhalb und einem Außerhalb« der Analyse zu verdeutlichen. Es geht Laplanche also um eine Differenz. Auch Mesmers Baquete sollten vor allem eine Energiedifferenz halten: innerhalb des Baquets eine große Menge kumulierter Energie, außerhalb eine deutlich geringere Energiemenge. Das Schema zur Konstruktion des analytischen Baquets findet Laplanche (ebd., S. 35f.) allerdings nicht in Mesmers Schriften, sondern entnimmt es dem siebten Kapitel der *Traumdeutung* (siehe Abbildung 7b), also dem Umfeld von Freuds erster Definition der Übertragung.

Der Traum zeichnet sich unter anderem dadurch aus, dass das Ich – der Vertreter der Selbsterhaltungsinteressen – träumend an die Peripherie rückt und dort vor allem eines vertritt: den Wunsch, zu schlafen. Wenn sich dem Träumenden Selbsterhaltungsinteressen aufdrängen, etwa in Form physiologischer Bedürfnisse (»Rückenschmerzen«, »auf die Toilette müssen«) oder äußerer Gefahren (»Feuer«, »schreiende Kinder«), dann ist der Traum vorbei und der Träumende wird von der inneren zurück in die äußere Wirklichkeit geworfen. Nach dem Modell des Traums konzipiert, stellt das analytische Baquet einen umgrenzten Innen-Raum zur Verfügung, der sich dadurch auszeichnet, dass Selbsterhaltungsinteressen und funktionale Anpassungsziele zwar nicht komplett aus ihm ausgeschlossen werden, aber doch weitgehend in die Peripherie rücken. Laplanche (2011 [1987], S. 190) sagt: Sie werden »tangentialisiert«.

Abseits von Selbsterhaltungsinteressen und Anpassungszielen eröffnet die psychoanalytische Sitzung ein Areal des Wunsches oder, wie Laplanche (ebd., S. 189) es ausdrückt, einen »rein triebhaften oder sexuellen Ort«. Im Baquet rückt damit jene untergründige Dimension der Begegnung mit dem Anderen in den Vordergrund, die ansonsten eher als Störgeräusch im Hintergrund zu halten versucht wird (die jeweils untere Hälfte in Abbildung 5 und in Abbildung 8). Die Grenze, die vom analytischen Baquet gezogen wird, ist also nicht die zwischen Fantasie und Realität, sondern eine Grenze, an der sich zwei Sphären von gleicher Realität artikulieren (Laplanche, 1987, S. 219): die adaptive Sphäre der Selbsterhaltung und die triebhafte Sphäre des unbewussten Sexuellen.

Im psychoanalytischen Baquet schwappt allerlei hin und her. Das Hin und Her von Wunsch und Abwehr, von Regression und Progression, von Rede und Gegenrede und – natürlich – von Übertragung und Gegenübertragung macht die Dynamik, die energetische, emotionale Bewegtheit des psychoanalytischen Prozesses aus. Im Baquet zu arbeiten bedeutet, der emotionalen Bewegung zu folgen, den unsinnigen und unverständlichen Verbindungen des Primärprozesses zu folgen, ja, sich, wie Laplanche (1996a [1992], S. 191) es nennt, zum »Begleiter des Primärvorgangs« zu machen.

Bindung und Entbindung

Damit innerhalb des Baquets ein Raum entsteht, in dem – wie im Traum – die Bewegung des Primärvorgangs freies Spiel haben kann, ist das Baquet auf eine umso sicherere Begrenzung angewiesen. Wir können diese für psychoanalytisches Arbeiten charakteristische Doppelstruktur aus Begrenzung auf der einen und Entfesselung auf der anderen Seite, aus festem Rahmen und innerhalb dieses Rahmens ermöglichtem offenen Prozess, auch mit dem Begriffspaar »Bindung–Entbindung« beschreiben. Unter diesen Überschriften lassen sich die Entsprechungen der zwei Ebenen der anthropologischen Grundsituation in der analytischen Situation wiederfinden (Abbildung 8).

Mit »Bindung« taucht dabei erneut ein Begriff auf, der bereits zur Beschreibung einer wesentlichen Dimension der anthropologischen Grundsituation diente (oberer Teil in Abbildung 5). Auf der Ebene des Rahmens, auf der Ebene der Umwandung des Baquets finden wir eine symmetrische Transaktions- und Kooperationsbeziehung (oberer Teil in Abbildung 8). Diese hat unter anderem die Form eines – wir sind nun ganz im Bereich und in der Sprache des Funktionalen – Dienstvertrags nach §611 BGB: sorgfältige, dem gegenwärtigen Kenntnisstand entsprechende Behandlung (jedoch kein Behandlungserfolg) gegen eine angemessene Vergütung. Eine wechselseitige Symmetrie von Bedürfnis und Angebot. Dabei können die auf dieser Ebene als Rahmen festgelegten Konstanten von innerhalb des Baquets aus besehen ganz andere Bedeutungen erhalten, zum Beispiel indem sie als Botschaften gelesen werden: Eine Patientin kann sich so fragen, was ihr Analytiker ihr damit sagen will, dass er die Stunde immer pünktlich beendet.

Der Rahmen bildet die Möglichkeitsbedingung für das Zustandekommen eines analytischen Prozesses: »Nur weil es an der Peripherie Aufrechterhaltung [...] einer Bindung, [...] gibt, ist die analytische Entbindung möglich« (Laplanche, 1996a [1992], S. 192). Es ist eine wesentliche Aufgabe von Analytikerinnen und Analytikern, ein funktionierendes Baquet zur Verfügung zu stellen, indem sie für Rahmen, Konstanz und Containment *(contenance)*, kurz: indem sie für Bindung Sorge tragen. Der Analytiker ist zwar in diesem Sinne »Garant der Konstanz« (Laplanche, 1996a [1992], S. 191), aber seine Arbeit findet gerade nicht auf der Ebene der Bindung statt, sondern auf der Ebene der Ent-Bindung. Das Rätsel, das in unseren Alltagsbeziehungen gebunden ist, soll in der analytischen Beziehung aus seinen bisherigen Übersetzungen entbunden werden. Die analytische Übertragungsbeziehung erweist sich so auch als eine »›entfesselte‹ Alltagsbeziehung« (Körner, 2018, S. 12).

Für das Verständnis der Dynamik der Übertragung nach Laplanche ist dabei – im Gegensatz etwa zu selbstpsychologischen oder relationalen Ansätzen – die Konzeption der analytischen Begegnung als einer grundlegend asymmetrischen Beziehung wesentlich. Denn so erst kann die analytische Beziehung in Resonanz mit der anthropologischen Grundsituation geraten, die ja ebenfalls eine asymmetrische war. Hilfesuchend ist der Analysand auf den Analytiker angewiesen und unterstellt diesem, über etwas zu verfügen, was hilfreich ist. Wenn Laplanche (1987, S. 300f.; 2011 [1987], S. 191; 1996a [1992], S. 192) in diesem Zusammenhang immer wieder vom Analytiker als dem »Subjekt, dem Wissen unterstellt wird« spricht, dann greift er eine Formulierung seines Lehranalytikers Jacques Lacans auf. Lacan (1978 [1964], S. 244) sprach vom »Subjekt, das wissen soll« *(sujet supposé savoir)*, und meinte, wo immer dieses auftrete, da »ist auch Übertragung«.

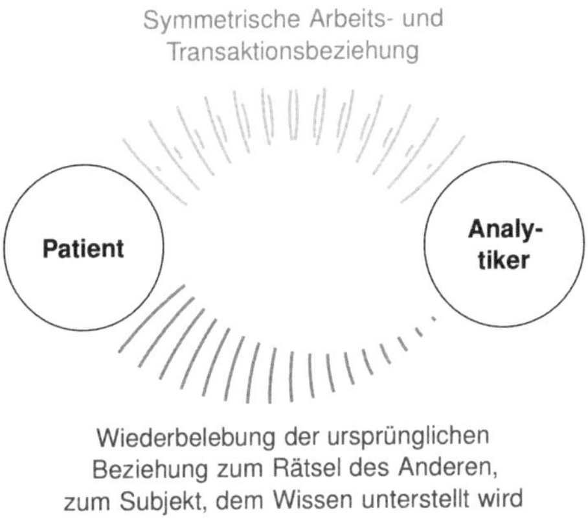

Abbildung 8: Übertragung: Die analytische Situation als eine Wiederaufnahme der anthropologischen Grundsituation

Der Analytiker, so Lacan (ebd., S. 245) nehme, »sofern er das Objekt der Übertragung ist«, den Platz des Subjekts ein, dem Wissen unterstellt wird. Die Übertragung begegnet uns hier als Unterstellung. Da eine Funktion des analytischen Baquet aber darin bestand, das Verfolgen von Selbsterhaltungsinteressen und Anpassungszielen zu tangentialisieren, wird sich der Analytiker – einige würden hier sagen: im Gegensatz zum Pädagogen oder zum Psychotherapeuten – also damit zurückhalten, dem Analysanden etwas zu geben, was den Mangel beheben soll (Ratschläge, Information, Stützung, Beruhigung, seine Meinung, etc.). Indem er der Abstinenzregel folgt, wird der Analytiker zu jemandem, dem Wissen zwar unterstellt wird, der sich aber selbst dessen gewahr bleibt, über das ihm unterstellte Wissen *nicht* zu verfügen. Setzt er sich an diese Position, bietet der Analytiker sich dem Patienten als ein opakes, rätselhaftes Gegenüber an.

Dies bedeutet auch, dass der Analytiker alle enttäuschen wird, die in ihm das zu finden hoffen, was ihnen fehlt. So wird keine der Erwartungen, mit der viele Patientinnen und Patienten eine Analyse antreten, erfüllt: »Sie arbeiten hart und erwarten vergeblich Lob. Sie bekennen ihre Sünden, ohne dass ihnen die Absolution erteilt oder eine Strafe angeboten wird. Sie erwarten, dass die Analyse zu einer Freundschaft wird, aber werden allein gelassen« (Macalpine, 1950, S. 527, eigene Übersetzung). Sie wünschen sich jemanden, der sie an die Hand nimmt und ihnen sagt, was zu tun sei, und alles, was sie bekommen, ist ein »Hmm.« Ob diese Enttäuschungen letztlich nicht mehr als wettgemacht werden durch das Angebot, endlich einmal in einen Raum kommen zu können, in dem einen nicht sofort irgendein Experte mit irgendeinem Tipp terrorisiert, das muss jeder und jede für sich selbst entscheiden.

Eine wesentliche Funktion des Analytikers besteht darin, dass er sich zum Anti-Experten, zum »Hüter des Rätsels« (Laplanche, 1996a [1992], S. 191) macht. Erst diese Position ermöglicht die Resonanz zwischen analytischer und ursprünglicher Übertragung. »Was willst du von mir?« – diese Frage taucht in Analysanden früher oder später ihrem Analytiker gegenüber auf. Mit dem Rätsel dieser altvertrauten Frage konfrontiert, werden sie die Reihe der Übersetzungsversuche durchspielen, mit denen sie in je eigener Art versuchten, dieses Rätsel einst in eine für sie erträgliche Form zu bringen. Was wir klassischerweise als von Patientinnen und Patienten ausgehende Übertragungs*angebote* wahrzunehmen gewohnt sind – wie etwa: pflegeleicht, betont selbstständig, unterhaltsam, verführerisch, besonders einzigartig, verängstigt abwartend, langweilig, ausgesprochen bedürftig, unauffällig oder vorwurfsvoll konfrontativ sein –, all das entpuppt sich so immer schon als eine Antwort auf ein vom Anderen her kommendes Rätsel.

Die alteritätstheoretische Konzeption legt uns nahe, nicht nur in der anthropologischen Grundsituation den Richtungspfeil umzukehren, sondern auch in der Übertragungssituation: Ganz wie das sexuelle Unbewusste nicht angeboren und nicht auf der Seite des Egos verortet ist, sondern ursprünglich vom Anderen herkommt, so kommt auch die analytische Übertragung vom Anderen, vom Analytiker. »Ist es möglich zu begreifen«, fragt Laplanche (1996a [1992], S. 190) mit Blick auf die Übertragung, »daß der Pfeil, der ursprüngliche Vektor, in die Gegenrichtung zeigt« – also nicht vom Analysanden zum Analytiker geht, sondern vom Analytiker zum Analysanden?

Gefüllte und ungefüllte Übertragung

Ist Übertragung das Verhältnis zum rätselhaften Objekt, dann zeigt sie sich gerade nicht als ein Metadiskurs über die analytische Beziehung. Spricht ein Patient explizit vom Analytiker (»Als Sie mir heute die Tür aufgemacht haben, da haben Sie mich mit demselben kritischen Blick angeschaut wie mein Vater. Da hab' ich gemerkt, wie ich mich gleich wieder so unsicher gefühlt habe wie früher«), dann verstellt er den analytischen Raum mit vertrauten Füllseln aus ihm bekannten und verständlichen Fragmenten seiner Selbsttheoretisierung. Die ursprüngliche Übertragung in der analytischen Übertragung wiederzubeleben bedeutet gerade, nicht stolz die eigenen Übersetzungen zu präsentieren und sich diese vom Therapeuten oder von der Therapeutin abnicken zu lassen.

Laplanche (2011 [1987], S. 193) nennt das Dichtmachen des analytischen Raumes »gefüllte Übertragung« *(transfert en plein)*. Hier werden abgeschlossene und festgezurrte Übersetzungen und Selbsttheoretisierungen, also im Patienten bereits bereitliegende Bedeutungen (»Ich sehne mich einfach nur nach Bindung«; »Ich denke, der düstere Baum in diesem Traum, der steht für die dunkle Seite in mir, die ich ja auch habe«) in die analytische Situation hineingetragen. Die gefüllte Übertragung ist damit nicht nur eine Übertragung im vollen Sinn, meint: eine sinn-volle, ergo rätsel-freie Übertragung, sondern immer auch eine (den analytischen Raum) füllende Übertragung. Damit entspricht Laplanches »gefüllte Übertragung« ironischerweise ziemlich genau dem, was Jacques Lacan (2016 [1956], S. 299) »leeres Sprechen« *(parole vide)* nannte. Wir können das analytische Bonmot, wonach die Einsicht von gestern der Widerstand von heute sei, dementsprechend umformulieren: »Die Übersetzung von gestern ist der Widerstand von heute.«

Die analytische Methode besteht darin, festgefügte Selbsttheoretisierungen und eingefahrene Übersetzungsschablonen (»Urvertrauen«, »mein inneres Kind« etc.) zu ana-lysieren, also aufzulösen, zu ent-übersetzen. Hier macht Laplanche Freuds großen methodischen Kunstgriff im Zentrum der Analyse erneut stark: Die Aufgabe des Analytikers besteht nicht darin, Patientinnen und Patienten Übersetzungsschablonen für ihnen Unverständliches in ihrem Leben und in ihren Träumen anzubieten, sondern darin, ihnen eingefahrene Übersetzungsschablonen wegzunehmen. Die Psychoanalyse, das war Freuds (1905a, S. 17) große Entdeckung, verfährt »per via di levare« – durch Wegnehmen.

Patientinnen und Patientinnen ihre Übersetzungen wegzunehmen bedeutet, ihnen jenen Mangel an Stützung zu geben, den es braucht, um ins Freie zu gelangen. Analytikerinnen und Analytiker sollten sich in diesem Sinne an die Maxime halten: »Hände weg von der Hermeneutik!« Verstehen, Übersetzen, Hermeneutik – das ist nicht die Aufgabe des Analytikers, sondern die Aufgabe des Patienten. Aufgabe des Analytikers ist es, Patientinnen und Patienten zu ermöglichen, wieder vor das ursprüngliche Rätsel des Anderen zu kommen, also nicht ihre fertigen Übersetzungen, Bedeutungen und Selbsttheoretisierungen in die Analyse zu übertragen, sondern jenen rätselhaften Rest, der bei ihren Übersetzungsversuchen abgefallen ist. Dies nennt Laplanche – im Gegensatz zur gefüllten – die »ungefüllte Übertragung« *(transfert en creux;* wörtlich: ausgehöhlte Übertragung). Ungefüllt meint: ungefüllt mit mitgebrachter Bedeutung.

Die ungefüllte Übertragung ist damit nicht nur eine Übertragung im leeren Sinn, eine sinn-freie, ergo rätsel-volle Übertragung, sondern immer auch eine (den analytischen Raum) öffnende Übertragung. Ungefüllt wie ein leeres Blatt Papier, ungefüllt wie die Psyche des Neuankömmlings. Und natürlich ist das keine zutreffende Beschreibung, sondern ein Gleichnis, denn die Psyche eines Patienten kann nie derart leer sein, wie jene eines Neugeborenen. Es geht hier also nicht darum, die ungefüllte gegen die gefüllte Übertragung auszuspielen, sondern darum, darauf hinzuweisen, dass sich analytisches Arbeiten in einem Hin und Her zwischen beiden Modi vollzieht. Dabei ist die Aufgabe des Analytikers nicht das Füllen, sondern das Leeren, das Ent-Übersetzen des vermeintlich Sinn-Vollen und Selbst-Verständlichen. Die ungefüllte Übertragung zeigt sich dabei weniger als ein Sprechen *vom* Analytiker, sondern als ein Sprechen *zum* Analytiker.

Nachträglichkeit in der Übertragung

Die *Wiederbelebung* des ursprünglichen Verhältnisses zum Rätsel des Anderen stellt dabei etwas anderes dar als die klischeehafte (»unveränderte zweite Auflage«) Wiederholung einer vergangenen Objektbeziehung. Was in die Analyse hinübergetragen wird, ist gerade nicht eine unbearbeitete Vergangenheit – mögen wir diese nun als rätselhafte Botschaften des Anderen verstehen oder als internalisierte Objektbeziehungen –, sondern die infantile Vergangenheit und die *Geschichte ihrer Bewältigungs- bzw. Übersetzungsversuche*. Es wird keine Kindheitsszene wiederholt, sondern das Rätsel und seine Übersetzungsversuche, die »erste Szene« und die Geschichte ihrer Bearbeitungen und »Umschriften« werden wieder in Gang gesetzt, um neue Übersetzungen-Verdrängungen zu produzieren. Wir finden hier, im Herzen des analytischen Unternehmens, im Herzen der Übertragung, nichts anderes am Werk als jene so grundlegende Figur der Nachträglichkeit, die Freud genial formuliert und dann selbst wieder verschüttet hatte, damit sie von Lacan (2016 [1956]) wieder ausgegraben und von Laplanche (2022 [2006]) zum Zeitlichkeitsmodus der Psychoanalyse ausgearbeitet werden konnte. »Die Übertragung in der psychoanalytischen Situation«, so spitzt Heinz Müller-Pozzi (2008, S. 218) es zu, »ist die reine Nachträglichkeit«.

Ich fasse abschließend noch einmal die Pointe der hier ausführlich nachgezeichneten Bewegung der Übertragung mit einem kommentierten Laplanche-Zitat zusammen:

> »Es gibt eine ursprüngliche Übertragung [nämlich die Übertragung rätselhafter Botschaften vom Erwachsenen an das Kind] in der Kindheit, als deren Nebenprodukt [nämlich als Abfallprodukt der notwendig scheiternden Versuche, diese ursprüngliche Übertragung zu übertragen, also zu übersetzen] das [unbewusste, infantile] Sexuelle entsteht. Die analytische Übertragung ist nicht als ein Abziehbild dieser ursprünglichen Übertragung zu verstehen, sondern als eine Wiederaufnahme dieses Prozesses« (Laplanche, 1987, S. 309, eigene Übersetzung).

Mit Übertragung und Gegenübertragung arbeiten: Anregungen für die Praxis

Im abschließenden Kapitel möchte ich Anregungen dafür geben, wie sich die bisherigen Überlegungen in die therapeutische Praxis übertragen lassen. Ich werde mich dabei an einigen grundlegenden Fragen orientieren, die in der Praxis und in der Ausbildung von Therapeutinnen und Therapeuten immer wieder auftauchen: Wie lassen sich Übertragung und Gegenübertragung erkennen und von Nichtübertragungs- und Nichtgegenübertragungsphänomenen unterscheiden? Wie lassen sich Übertragungen fördern oder begrenzen? Was bedeutet es, in und mit der Gegenübertragung zu arbeiten? Wie formulieren wir Übertragungsdeutungen? In welcher Weise spielen Übertragung und Gegenübertragung in supervisorischen Prozessen eine Rolle? Und schließlich: Was passiert mit der Übertragung am Ende einer Therapie?

Übertragungen erkennen: Übertragung oder Nichtübertragung? Gegenübertragung oder Eigenübertragung?

Sowohl praktizierende Therapeuten als auch empirisch Forschende wünschen sich oft, dass es möglich wäre, etwas so Verwickeltes wie Übertragungen sicher erkennen, eindeutig feststellen oder gar reliabel und valide messen zu können (Vorschläge dafür etwa bei Herold, 1995; Ulberg et al., 2014). Voraussetzung für das Erkennen ist, dass sich Übertragung und Gegenübertragung als klar konturierte Figuren von einem aus Nichtübertragung bzw. aus Nichtgegenübertragung gebildeten Hintergrund abheben lassen.

Übertragung – Nichtübertragung

Von Sigmund Freud wurde bereits implizit die Frage aufgeworfen, ob es möglich und sinnvoll sei, Fantasiertes und Reales in der therapeutischen Beziehung zu unterscheiden: auf der einen Seite eine durch Übertragungsfantasien verzerrte Vorstellung vom Analytiker, auf der anderen Seite eine realitätsorientierte Wahrnehmung des Analytikers; hier die infantil wunschbedingten Beziehungsanteile, die als Übertragungen zu verstehen sind, dort jene übertragungsfreien Anteile der Therapiebeziehung, die für die gemeinsame zielgerichtete Zusammenarbeit zweier erwachsener Ichs verantwortlich sind? Die hier in den Blick genommene Unterscheidung wurde unter wechselnden Benennungen der beiden Bereiche von verschiedenen Autoren durchdekliniert: die deutend zu bearbeitende positive und negative Übertragung versus die nicht zu deutende »unanstößige Übertragung« (Freud, 1912b); die »irrationale Übertragung« versus die »rationale Übertragung« (Fenichel, 2001 [1936]); die unreife, neurotische Übertragung versus die »reife Übertragung« (Stone, 1973 [1961]); die Übertragungsbeziehung versus die Arbeits- und Realbeziehung (Greenson, 1973 [1967]).

Noch im November 1909 wurde auf einer Sitzung der Wiener Psychoanalytischen Vereinigung ernsthaft darüber diskutiert, ob auch »die Untersuchung der Sexualorgane des Patienten durch den behandelnden Analytiker« erfolgen sollte (Nunberg & Federn, 1977, Bd. II, S. 269). Die Anwesenden waren sich nicht einig. Eduard Hitschmann, der spätere Direktor des Wiener Psychoanalytischen Ambulatoriums, hielt eine solche Untersuchung durch den behandelnden Analytiker für »unbedingt nötig« (ebd.), sah also weder für sich noch für seine Patienten eine Schwierigkeit darin, klar zu unterscheiden: hier libidinös besetztes Übertragungsobjekt und dort sachlich diskreter Körperarzt. Freud hingegen schien eine derart überlappungsfrei konstruierte Doppel-Beziehung zwischen zwei Menschen »in der Analyse unmöglich« (ebd., S. 272).

Die wie auch immer formulierte Unterscheidung zwischen Übertragung und Nichtübertragung mag auf konzeptueller Ebene überzeugen und zum Reflektieren anregen. In der Praxis lässt sich jedoch ein konkretes Phänomen in der Regel nicht eindeutig einem der beiden Bereiche zuordnen. Ein Beispiel dazu: Ein Patient sagt während einer der ersten Sitzungen erfreut zu seinem Therapeuten: »Mensch, ich seh' gerade, das sind ja die originalen S27, die Sie hier stehen haben, noch mit dem Alufuß. Wow! Die sind ja echt schwer zu finden. Und dann noch cognacfarbene! Wo haben Sie die denn herbekommen?« Vorausgesetzt, bei den vom Patienten beschriebenen Sachverhalten handelt es sich nicht um eine Fehlwahrnehmung der Realität, es sind also wirklich *die* originalen S27 – was auch immer Sie sich darunter vorstellen wollen – mit dem Alufuß und die seien *wirklich* schwer zu bekommen, dann handelt es sich hier keineswegs um eine Verwechslung von Vergangenheit und Gegenwart. Der Patient hat offenbar ganz realistisch ein gemeinsames Interessengebiet zwischen sich und seinem Therapeuten entdeckt. Handelt es sich bei der beschriebenen Interaktion also schlicht um etwas, was der Therapeut auf der Ebene der Realbeziehung beantworten sollte (»Ja, ich habe wirklich lange gesucht, bis ich ein Paar davon bei Nowel in der Graefestraße gefunden habe.«) oder letztlich doch um eine spezifische Form der Übertragung (»Zwillings-Übertragung«; Kohut, 1989 [1984])?

Das, was sich konzeptuell differenzieren lässt, scheint in unserer Erfahrung oft nicht zu trennen zu sein. Einerseits ist jede reale Beziehung durchzogen von Übertragungen und andererseits gehen Übertragungen nicht ins Leere, sondern heften sich an reale (harmlose) Elemente der Beziehung. Ich möchte Freuds Übertragungsmodell aus der *Traumdeutung* in Erinnerung rufen: Im Traum würden wir doch auch nicht versuchen, zu unterscheiden, ob es sich bei einem manifesten Traumelement, wie zum Beispiel einer Zigarre, entweder eindeutig um einen Tagesrest, also eine reale Erinnerung, oder eindeutig um eine Darstellung einer unbewussten Wunschfantasie handelt. Nein, wir würden, auf Verdichtung und Überdeterminierung verweisend, die Vieldeutigkeit der Welt akzeptieren.

Es empfiehlt sich, dies nicht nur bei den Übertragungen im Traum, sondern ebenso bei den Übertragungen in der analytischen Beziehung zu tun und daher die Unterscheidung von Übertragung und Nichtübertragung mit Bedacht zu nutzen. Wenn wir mit Richard Sterba (1934a, S. 72) unser Ich therapeutisch spalten und so eine »Insel der Betrachtung« konstruieren, ein Festland trockenlegen, auf dem uns die Triebfluten nichts anhaben können, ein Eiland erschließen, auf welchem wir uns in Sicherheit wissen können vor jeglichen Übertragungen und Überschwemmungen, einen Ort schaffen, an dem wir uns ausruhen können von all den Mehrdeutigkeiten, weil an ihm eine Zigarre auch mal »einfach nur« eine Zigarre sein darf (Rugenstein, 2022b), haben wir dann nicht zugleich eine Insel des Widerstands konstruiert?

Gegenübertragung – Eigenübertragung

Ganz ähnlich wie im Bereich der Übertragung können wir auch im Bereich der Gegenübertragung fragen, ob es möglich und sinnvoll ist, zu unterscheiden zwischen jenen Anteilen der Gegenübertragung, die, mit Paula Heimann (2016 [1950], S. 116) gesprochen, eine »Schöpfung des Patienten« sind, die wir also als pure Reaktionen auf die Übertragungsangebote des Patienten zu verstehen haben und jenen Anteilen der Gegenübertragung, die nichts mit dem Patienten zu tun haben, sondern allein dem Analytiker zuzuschreiben sind; das eine eine reaktive Gegenübertragung, das andere eine genuine »Eigenübertragung« (Heuft, 1990) des Therapeuten; hier eine »objektive Gegenübertragung« (Winnicott, 2020 [1949]), die uns belastbare Daten über den Patienten liefert, dort eine subjektive Gegenübertragung, die ausschließlich mit uns zu tun hat; auf der einen Seite eine »normale Gegenübertragung« (Money-Kyrle, 2003 [1956]), auf der anderen eine (rest-) neurotische Gegenübertragung des Analytikers?

Ein Beispiel, an welchem die Plausibilität dieser Unterscheidung oft aufgezeigt werden soll, geht so: Wenn ein Analytiker in der Nacht, aus welchen Gründen auch immer, nur zwei Stunden geschlafen hat und sich daraufhin am folgenden Praxistag in allen Therapiestunden müde und erschöpft fühlt, dann werde er an diesem Tag eine auftauchende Müdigkeit in der Stunde mit Herrn A. als subjektive Gegenübertragung, als Eigenübertragung, also als allein in seiner eigenen Person (bzw. seiner eigenen Lebenssituation) und nicht in Herrn A. begründet verstehen. Wenn der Analytiker sich hingegen generell wach und ausgeschlafen fühlt und sich gegenüber anderen Patientinnen und Patienten am selben Tag nicht als schläfrig erlebt, in der Stunde mit Herrn A.

hingegen plötzlich von Müdigkeit überfallen würde, dann sei dies als eine »Gegenübertragungsmüdigkeit« zu verstehen, also als eine Reaktion des Analytikers, die auf Herrn A.s unbewusste Übertragungsangebote, wie etwa auf eine von Herrn A. unterdrückte Aggressivität, reagiere.

In diesem Beispiel fällt auf, dass es einer empirischen Forschungslogik folgt und im Design ungefähr der Grundidee einer Korrelationsstudie entspricht: Wenn die Müdigkeitsreaktion des Therapeuten nicht mit Herrn A. korreliert und sich zudem noch eine rational plausible Kausalerklärung in der Alltagsrealität des Analytikers für seine Müdigkeit finden lässt, dann könne er sie internal attribuieren und als Eigenübertragung verstehen. Um aufgrund dieser Logik zwischen Eigen- und Gegenübertragung unterscheiden zu können, braucht es zugegebenermaßen keine langwierige psychodynamische Selbsterfahrung. Und weiter: Würden wir einem Patienten, der uns mit derselben Korrelationslogik begründet, warum sein Zuspätkommen nicht mit ihm, sondern mit den objektiven Verhältnissen im Straßenverkehr zu tun hätte (»Sind Ihre anderen Patienten heute etwa nicht auch wegen des Streiks zu spät gekommen?«), nicht seine überzeugende Begründung zwar glauben, doch ihm zugleich auch ein in andere Richtungen weisendes Verstehensangebot machen (etwa: »In der letzten Stunde waren Sie wütend auf mich«)?

Die Unterscheidung von Gegenübertragung und Eigenübertragung ist hilfreich, weil sie ein Korrektiv zu einem Gegenübertragungstotalitarismus einführt, der alle Gefühle im Analytiker als Ausdruck dessen, was im Patienten vorgeht, verstehen will. Dabei ist jedoch zu bedenken, dass es sich auch bei dieser Unterscheidung um eine Differenzierung auf konzeptueller Ebene handelt. Mit Blick auf ein konkretes Phänomen des therapeutischen Alltags lässt sich in der Regel nicht eindeutig klären, ob es sich hier entweder um eine Gegen- oder eine Eigenübertragung handelt. Dies liegt unter anderem daran, dass sich der Einfluss des fremden Unbewussten auf unser eigenes Unbewusstes immer nur unter Verwendung des in uns schon bereitliegenden Materials Ausdruck verleihen kann. Timo Storck (2021, S. 1177) schlug für diese untrennbare Verwobenheit des Eigenen und des Fremden in der Gegenübertragung die Metapher der »Gegenübertragungs-Jukebox« vor: »Wir lassen Patienten aus unserer ›Sammlung‹

möglicher innerer Sensationen etwas auswählen, das uns dabei hilft zu erkennen, welche Art von Beziehung hier gestaltet wird.«

Zu bedenken ist ferner, dass die Unterscheidung Gegenübertragung versus Eigenübertragung von Therapeutinnen und Therapeuten auch zum Zweck der Rationalisierung eines Gegenübertragungswiderstands genutzt werden kann, denn eine Wut, eine Müdigkeit oder ein Begehren rasch als Eigenübertragung zu verstehen, bahnt oft auch einen bequemen Weg dafür, diese unbequemen Affekte aus der therapeutischen Beziehung, mit der sie dann ja nichts zu tun hätten, herauszuhalten.

Übertragung fördern: Zum Provokateur der Übertragung werden

Freud betonte immer wieder, dass sich Übertragungen in allen menschlichen Beziehungen spontan und ohne größeres Zutun quasi automatisch einstellen: »Die psychoanalytische Kur schafft die Übertragung nicht, sie deckt sie bloß […] auf« (Freud, 1905e, S. 281) lautet ein oft zitierter Satz. Aus dieser Vorstellung wurde eine Behandlungstechnik abgeleitet, in welcher der Analytiker vor allem eines zu tun hatte: warten, dass sich die Übertragung spontan zeige. Die Übertragung wurde zu einem scheuen Reh und der Analytiker wurde zu einem Jäger, der sich hunderte von Stunden lang geduldig und möglichst jedes Geräusch vermeidend, in seinem Hochsitz auf die Lauer legte, damit das Reh sich auf die Lichtung wagte, um dort dann mit einer gezielten »Blattschuss-Deutung« (Körner, 2017) erlegt werden zu können. Patientinnen und Patienten würden, so die Vorstellung, ihre Übertragung als einen endopsychischen Vorgang bereits in die Analyse mitbringen.

Wir finden bei Freud jedoch, wie so oft, auch die genau gegenteilige Vorstellung: In seinen »Bemerkungen über die Übertragungsliebe« heißt es immer wieder und ganz klar, die Übertragung(-sliebe) sei »durch die analytische Situation provoziert« (Freud, 1915a, S. 317), ja, »durch die analytische Situation erzwungen« (ebd., S. 308), »durch die Einleitung der analytischen Behandlung […] hervorgelockt« und deren »unvermeidliche[s] Ergebnis« (ebd., S. 318). Bereits auf der Sitzung der Wiener Psychoanalytischen Vereinigung vom 21. November 1906 beschrieb Freud die Arbeit des Analytikers als ein aktives Herstellen der Übertragung: Der Analytiker, so Freud (zitiert nach Nunberg & Federn, 1977, Bd. I, S. 57), »bemächtige […] sich des Stückes [frei] flottierender Libido der Patienten und übertrage dieses auf seine eigene Person; mit dieser Übertragung leiste man dann die Übersetzungsarbeit aus dem Unbewußten ins Bewußte«.

Ida Macalpine griff den von Freud hier angedachten, jedoch nicht weiterverfolgten Gedanken auf und verallgemeinerte ihn zu der These: »Die Übertragung wird bei einem ›übertragungs-bereiten‹ Analysanden aktiv hervorgerufen, indem man ihn einem infantilisierenden Setting aussetzt, an das er sich allmählich anpassen muss« (Macalpine, 1950, S. 326, eigene Übersetzung). Übertragung ist für Macalpine eine Anpassungsleistung, zu der das analytische Setting Patientinnen und Patienten nötigt oder einlädt oder vielleicht ja auch – das sagt sie so nicht – verführt. Die Übertragung des Patienten ist eine Antwort auf das Angebot des Analytikers, auf das analytische Setting: »Das Angebot schafft die Nachfrage« (Laplanche, 1996a [1992], S. 189).

In dieser Vorstellung besteht der Beitrag, den Analytikerinnen und Analytiker zu Etablierung und Förderung der Übertragung leisten können bzw. sollen, zuallererst darin, das analytische Setting zu etablieren und zu schützen. Alles, was wir tun, um das von uns zur Verfügung gestellte Setting möglichst nahe an den idealen Koordinaten eines analytischen Settings – wie etwa Ruhe, Rhythmus, Regelmäßigkeit; freie Assoziation und gleichschwebende Aufmerksamkeit; Abstinenz und Rätselhaftigkeit – auszurichten, fördert Übertragung. Laplanches Baquet orientiert sich an diesen Ideal-Koordinaten. Die vom Analytiker an den Analysanden gerichtete Einladung, in die analytische Wanne einzusteigen, verführt Letzteren zu einer regressiven Bewegung. Es ist dieses verführerische Angebot des Analytikers, das zur Übertragung anregt und ihn zum »Provokateur der Übertragung« macht, wie Laplanche (1996a [1992], S. 191) es nennt. Durch das Zur-Verfügung-Stellen des Settings provoziert der Analytiker die Übertragung nicht nur, sondern indem das analytische Setting selbst eine Neuetablierung bzw. Wiedereröffnung der anthropologischen Grundsituation darstellt, gilt: »*Die* [analytische] *Situation ist selbst Übertragung*« (Laplanche, 2011 [1987], S. 192).

Neben dem Etablieren und dem Schützen des Settings ist es zum Fördern der Übertragung wichtig, einen ungefüllten Raum zur Verfügung zu stellen, in welchem Patientinnen und Patienten das von ihnen mitgebrachte Unbewältigte und Unbewusste unterbringen können (»ungefüllte Übertragung«). Wenn wir vom Patienten erwarten, dass er den analytischen Raum nicht ausschließlich mit Füllseln zustellt (»gefüllte Übertragung«), dann besteht unsere Vorleistung notwendigerweise darin, einen Raum anzubieten, der nicht immer schon mit unseren Füllseln (Theorien, Zielen, Fragen, Erinnerungen, Wünschen etc.) verstellt ist. Diese Offenheit geht einher mit der Forderung, der Versuchung zu widerstehen, für den Patienten zu einem Subjekt zu werden, dem er nicht nur Wissen unterstellen kann, sondern das selbst auch vorgibt, zu wissen – zum Beispiel, was der Patient »hat«, was er (dagegen) tun soll, was gut für ihn ist oder was er hoffen darf. Mit der Forderung nach Offenheit und Ungefülltheit wird Analytikerinnen und Analytikern auch eine gewisse Zurückhaltung dabei nahegelegt, sich mit stochernden Auch-hier-Deutungen (»Könnte das, was Sie da berichten, nicht auch hier zwischen uns eine Rolle spielen?«) aktiv ratend auf die Suche nach der Übertragung zu begeben und diese dingfest und ausformulierbar machen zu wollen.

Es ist hilfreich, sich von Zeit zu Zeit daran zu erinnern, dass wir mit dem analytischen Setting ein sehr weitgehendes und sehr rätselhaftes Angebot unterbreiten. Es ist auch bekannt, dass dieses Angebot nicht jedem und jeder in gleicher Weise hilfreich sein kann. Das Angebot eines unstrukturierten Raumes für sich nutzen zu können setzt aufseiten von Patientinnen und Patienten bestimmte psychische Fähigkeiten voraus. Sind diese Fähigkeiten nicht oder nicht in ausreichem Maße verfügbar, so sind Strukturierung und Stützung indiziert. Es geht dann um den Erwerb oder das Training bestimmter Fähigkeiten und Funktionen (wie Affektdifferenzierung, Impulssteuerung, Mentalisierung), also um die zielgerichtete Verbesserung des Strukturniveaus eines Patienten. Die Bezogenheit zwischen Patient und Therapeut, in der es um Bindung und um Anpassungsziele geht (der obere Teil in Abbildung 8), ist hier nicht mehr Möglichkeitsbedingung, sondern Hauptinhalt des therapeutischen Arbeitens. Es geht darum, überhaupt erst jene innere Einfassung herzustellen, die es möglich macht, sich auf eine entwicklungsförderliche Art aus der Fassung bringen lassen zu können. Der Therapeut bietet sich seinen Patientinnen und Patienten in einem solchen, übertragungsbegrenzenden Setting nicht als Adressat ihrer unbewussten Wünsche, sondern als Adressat ihrer unbefriedigten Bedürfnisse an. Dabei wird er versuchen, möglichst wenig zum rätselhaften Objekt für den Patienten zu werden, sondern wird vielmehr alles daransetzen, diesen davon zu überzeugen, dass der Analytiker eben das sei, was der Patient früh entbehren musste: ein gutes, transparentes und haltendes Objekt.

Diese hier etwas schematisch geratene Unterteilung wird in anregender Weise unterlaufen von dem von Otto Kernberg entwickelten und seit 1989 in manualisierter Form vorliegenden Ansatz der Übertragungsfokussierten Psychotherapie (»Transference-Focused Psychotherapy«; Yeomans et al., 2017 [2015]). Im Rahmen dieses Ansatzes konnte gezeigt werden, dass auch für Patientinnen und Patienten mit sogenannten strukturellen Störungen ein therapeutisches Arbeiten, das sich von Beginn der Therapie an konsequent auf die Übertragungsbeziehung und die in dieser inszenierten Selbst-Objekt-Dyaden fokussiert, unter Modifikationen des Settings, nicht nur möglich, sondern auch hilfreich ist.

Gegenübertragung zulassen: Sich befremden lassen

In der Sphäre der Gegenübertragung können wir besonders eindrücklich ein Grundprinzip einer responsiven Psychoanalyse (Waldenfels, 1994) am Werk sehen: Antworten heißt, anderswo beginnen. Antworten heißt, auf Fremdes einzugehen, ohne es sogleich durch Aneignung (»Ich verstehe genau, was du meinst«, »Das kenne ich auch«) in seiner Fremdheit zum Verschwinden zu bringen. Die Arbeit mit und in der Gegenübertragung verlangt von Therapeutinnen und Therapeuten, sich für Fremdes zu öffnen und das Fremde in sich zu tolerieren.

Gerade jene Gefühle, Impulse und Fantasien, die in uns Therapeuten auftauchen und etwas Irritierendes haben, weil wir sie als nicht zu uns passend erleben oder als nicht zu dem, was der

Patient gerade sagt oder zu fühlen scheint, entpuppen sich oft als geeignete Ausgangspunkte für ein irritationsgeleitetes psychodynamisches Vorgehen. Als Therapeutinnen und Therapeuten sind wir dabei gefordert, uns befremdendes Erleben nicht zu verdrängen oder rasch unter Zuhilfenahme psychodynamischer Theorien rationalisierend zu »verstehen«, sondern uns ihm zuallererst *in seiner Fremdheit* zuzuwenden. Dies schließt im Sinne von Joseph Sandlers (1976) Rollen-Responsivität auch ein, zeitweilig zu jemandem zu werden, der wir selbst gar nicht zu sein meinen. Antwortbereitschaft gegenüber den uns von Patientinnen und Patienten unbewusst unterbreiteten Rollenangeboten bedeutet, dass wir uns in der Gegenübertragung nicht nur mit Rollenzuschreibungen identifizieren, die mit unserem professionellen Selbstbild übereinstimmen, sondern uns auch verwandeln lassen etwa in ein verführendes, ein verfolgendes oder ein verlassendes Objekt, in eine sadistische, eine unaufmerksame oder eine inkompetente Figur. Zunehmend bedeutsam wird dabei auch eine »Bereitschaft ›zur inneren Diversität‹ im Übertragungsgeschehen« (Doğan, 2024, S. 163), die Bereitschaft sich auch verwandeln zu lassen in ein Objekt mit anderer Geschlechtsidentität und/oder mit anderen Begehrensstrukturen. Sich in dieser Weise befremden zu lassen, setzt voraus, sich von den eigenen inneren Objekten, Wertvorstellungen, Identitätsentwürfen und Übersetzungsschablonen passager lösen zu können. Was wir dafür benötigen, ist eine Toleranz für das Fremde, für das Andere *in uns*.

Da Freud für die Übertragung wiederholt das Lesen als Modell vorschlug, möchte ich dies nicht mit einem klinischen, sondern mit einem literarischen Beispiel illustrieren. Es handelt sich um den Beginn von Arno Schmidts (2010 [1970], S. 11) Roman *Zettel's Traum:*

> »Nebel schelmenzünftich. 1 erster DianenSchlag; (Lerchen-Prikkel). Gestier von JungStieren. Und Dizzyköpfigstes schüttelt den Morgen aus. / : ›Sie diesen Galathau, Wilma. Und wie Herr Teat'on mit Auroren dahlt : jetzt ist die Zeit, voll itzt zu seyn!‹. / (Aber Sie, noch vom vor=4 benomm'm, shudderDe mit den (echtn!) Bakk'n) : ›Dän – Ich bin doch wirklich a woman, for whom the outside world exists. Aber verwichne Nacht…‹; (brach ab; und musterDe Mich, / Den Ihr gefälligst den Draht

> aus'nander Haltndän : – ? – / : ›Singularly wild place – ‹; (hatte P indessn gemurmlt. Er ragte, obm wie untn, aus seiner WanderHose; Er, lang=dünn & haarich). / : ›HasDu überhaupt zugehört? Was Ich gesagt hab'?‹«

Begegnen wir diesem Text so, wie wir in der Regel einem Patienten im Erstgespräch begegnen, nämlich ohne Vorwissen über ihn, dann sind diese Sätze – Ja, sind das überhaupt Sätze? Und welche Sprache ist das eigentlich? – befremdlich und rätselhaft. Wir verstehen (nahezu) nichts. Unsere Identitätserwartungen (»ein Text der literarischen Gattung ›Roman‹, also so etwas wie Max Frischs *Mein Name sei Gantenbein*«), Wertvorstellungen (»ein guter Text soll klar aufgebaut und logisch verständlich sein«) und Übersetzungsschablonen (»Figuren, Plot, Ort und Zeit der Handlung«) werden, so scheint es, unterlaufen. Um uns befremden zu lassen, dürfen wir das Buch hier nicht schon zur Seite legen oder bereits hier zur Sekundärliteratur greifen, in der Hoffnung, darin Übersetzungsschablonen für die rätselhafte Traum-Sprache zu finden. Sich befremden lassen verlangt eine gewisse Disziplin. Es heißt, einem Text, den wir nicht verstehen, trotzdem zu erlauben, uns anzusprechen und etwas mit uns zu machen. Vielleicht taucht in uns als Antwort auf das Angebot, das der Text uns macht, neben Ratlosigkeit oder Frustration ja auch ein Bild auf, das scheinbar gar nichts mit dem Text zu tun hat, vielleicht auch ein uns unsinnig oder unwichtig erscheinender Gedanke oder wir werden vom Klang oder vom Schriftbild eines unverständlichen Wortes zu Fantasien angeregt.

Die Begegnung mit einem Patienten ist in dieser Hinsicht gar nicht so verschieden vom Aufschlagen eines Buches: Auch in die therapeutische Situation werden wir immer wieder unsere eigenen Erwartungen, Identitätskonstruktionen und Übersetzungsschablonen hineinzutragen versuchen. So ist die bekannte Frage, mit der Paula Heimann (2016 [1956], S. 158) meinte, die Übertragung eines Patienten deuten zu können – »Warum tut der Patient jetzt was mit wem?« – gar nicht so verschieden von der Frage, die wir uns stellen, wenn wir uns in einem unvertrauten Roman zu orientieren versuchen. Vor diesem Hintergrund ist es keine geringe Aufgabe, unseren Patientinnen und Patienten immer wieder aufs Neue zu erlauben, uns zu befremden, zum Beispiel indem sie unerträgliche Selbstzustände projektiv identifikatorisch in uns hineinverlagern oder einen für sie inakzeptablen Teil eines inneren Konflikts auf uns übertragen und uns so in ihre Konflikte miteinbeziehen. Wilfred Bion (1991 [1967], S. 24) formulierte den Anspruch, zu diesem Befremden immer wieder zurück zu finden, vermutlich am radikalsten: »Der Psychoanalytiker sollte bestrebt sein, einen Bewusstseinszustand zu erreichen, in dem er in jeder Sitzung das Gefühl hat, den Patienten noch nie zuvor gesehen zu haben. Wenn er glaubt, er hätte ihn schonmal gesehen, behandelt er den falschen Patienten.«

Eine interessante Frage ist, inwieweit es sinnvoll ist, sich nicht nur befremden zu lassen, sondern sein Befremden auch Patientinnen und Patienten mitzuteilen. Paula Heimann (2016 [1950], S. 116f.) betonte, sie »halte es nicht für richtig, wenn der Analytiker seinen Patienten die eigenen Gefühle darlegt«. Demgegenüber wird in zeitgenössischen psychodynamischen Ansätzen das Offenbaren von in der Gegenübertragung auftauchenden Gefühlen, Bildern und Fantasien (»self-disclosure«) immer häufiger als eine wichtige therapeutische Kommunikationsstrategie beschrieben. Ein Therapeut könnte so beispielsweise zu seinem Patienten durchaus sagen: »Ich merke gerade, dass ich mich in den letzten Minuten sehr eingeengt gefühlt habe. Ich bin mir nicht sicher, was das mit uns zu tun haben könnte, aber wenn Sie dafür offen sind, würde ich gerne erkunden, ob dieses Gefühl irgendeine Relevanz für das hat, was gerade zwischen uns vor sich geht« (Safran & Muran, 2000, S. 124, eigene Übersetzung).

Der Zusammenhang zum Allianzmodell wird in dieser Selbstoffenbarung des Therapeuten besonders deutlich: Die therapeutische Arbeit wird als eine kollaborative Erkundung des Beziehungsgeschehens im Hier und Jetzt konzeptualisiert. Der Therapeut stellt dafür sein Erleben zur Verfügung und regt zu einer gemeinsamen Exploration des Geschehens auf Augenhöhe an. Demgegenüber steht die Forderung, dass das, was dem Patienten mitzuteilen ist, nicht das Gegenübertragungserleben selbst, sondern vielmehr das »Ergebnis des selbstanalytischen Prozesses in bezug auf die Gegenübertragung« sei (Reinke, 1995, S. 58). Eine solche Mitteilung nehme dann nicht die Form einer Offenbarung, sondern jene der Deutung an. Zur groben Orientierung im Spannungsfeld zwischen Selbstoffenbarung und Abstinenz wird oftmals (etwa von Storck, 2020, S. 59) auf die Regel verwiesen: Zeige dich persönlich, aber nicht privat. Es geht darum, den Grat auszuloten zwischen defensiver Neutralität, gelingender Responsivität und destruktiver Entgleisung und dabei eine dynamische Form der Abstinenz zu finden, die es ermöglicht, sich resonant, präsent, persönlich und berührbar zu zeigen, ohne dabei den analytischen Raum mit den eigenen privaten Wünschen, Vorlieben und Abneigungen zu verstellen.

Übertragung deuten: Deuten der Übertragung oder Deuten in der Übertragung?

Es wäre gewiss zu viel verlangt, zu erwarten, dass die Kombination von zwei vergleichsweise vagen Konzepten wie »Übertragung« und »Deutung« zu etwas besonders Klarem und Eindeutigem führen würde. So sind sich psychodynamische Praktikerinnen und Praktiker zwar einig darüber, dass die Übertragungsdeutung ein wichtiges, wenn nicht gar das wichtigste Werkzeug in ihrem Handwerkskasten sei, die Meinungen darüber, was nun aber genau unter einer »Übertragungsdeutung« zu verstehen ist, gehen hingegen weit auseinander (Munder et al., 2016).

Eine zentrale Frage ist dabei zunächst gar nicht so sehr, was gedeutet wird (etwa Abwehr, Wunsch oder Übertragung), wie gedeutet wird (genetisch oder im Hier und Jetzt) oder wann gedeutet wird (»Timing«), sondern zuallererst einmal *von wo aus* gedeutet wird. Von welchem Ort, aus welcher Position meinen Analytikerinnen und Analytiker ihre Übertragungsdeutungen zu formulieren? Das sich hier abzeichnende Dilemma hatte bereits Freud (1912b, S. 370) formuliert: »Es ist ja klar, daß das Geständnis einer jeden verpönten Wunschregung besonders erschwert wird, wenn es vor jener Person abgelegt werden soll, der die Regung selbst gilt.« Spricht der deutende Analytiker also nun aus der Position des vom Patienten wünschend oder widerstehend Angesprochenen, sodass Deuten Antworten heißt? Oder spricht der deutende Analytiker von einem exzentrischen Standpunkt aus, von dem er das Beziehungs- und Übertragungsgeschehen überblicken kann? Oder können wir, wie wir es uns oft gern bequem vorstellen, von der Übertragung angesprochen sein und sie zugleich, wie von außen auf sie schauend, überblicken? Wie entscheiden wir dann, wann wir aus welcher Position sprechen? Und: Ist das automatisch auch die Position, von der her kommend Patientinnen und Patienten unsere Worte verstehen werden?

Dies kann in Teufelskreise hineinführen, die wohl jeder Therapeut und jede Therapeutin schon erlebt hat: Die Deutung der Übertragung eines Patienten, der seinen Analytiker – vielleicht nach dem Vorbild seines Vaters – als besserwisserisch und machtgeil erlebt, wird vom Patienten selbst wiederum so (miss-)verstanden, dass der Therapeut mit seinem analytischen Wissen glänzen und dem Patienten dabei zugleich zeigen wolle, wer hier das Sagen hat. Einer in ihren Analytiker (übertragungs-)verliebten Patientin mit der »einfachen definitorischen Deutung […] ›Sie haben sich verliebt‹« (Nissen, 2019, S. 244) zu begegnen, könnte von dieser auch als Annäherungsversuch des Analytikers (miss-)verstanden werden. Natürlich ließen sich auch diese (Miss-)Verständnisse wiederum deuten. Doch eine einzige Umrundung des hier angedeuteten Teufelskreises scheint auszureichen, um deutlich zu machen, dass es oftmals nicht gelingt, von einem vermeintlichen Ort außerhalb der Übertragung zu sprechen.

Richard Sterbas (1934a) Konzept der therapeutischen Ich-Spaltung hatte es auf die Konstruktion einer solchen utopischen Insel abgesehen, auf deren neutralem Territorium ein nicht in Übertragungen verstricktes Patienten-Ich von einem nicht als Objekt der Übertragung sprechenden Analytiker-Ich eine Deutung empfängt. Das klingt nach einem Schiedsrichter, der von draußen etwas ins Spielgetümmel hineinruft – natürlich nicht, ohne das Spiel vorher mit einem disziplinierenden Trillern unterbrochen zu haben – und dessen professionelle Autorität ebenso wie sein unparteiisches Urteil von allen Mitspielenden unumwunden akzeptiert wird. Leo Rangell ging in der Tat so weit, den Psychoanalytiker als einen Schiedsrichter zu metaphorisieren: »Immun gegen Abneigung oder Anziehung […] sitzt er am Rande, wie ein Schiedsrichter bei einem Tennismatch, damit er dem Patienten sagen kann: ›Das ist es, was Sie jetzt gerade tun, hier ist der Impuls, hier die Abwehr, hier der Widerstand, hier die Kompromissbildung, hier das Symptom‹« (Rangell, 1954, S. 741, eigene Übersetzung). Wie ein Tennisschiedsrichter auf einem Hochstuhl untergebracht, so hier offenbar die Vorstellung, könne der Analytiker das gesamte Spielfeld, die gesamte Übertragungsszene, überblicken und entscheiden, was »out« (unangemessene Fantasie) und was »in« (angemessene Wahrnehmung der Realität) sei. Auch auf die Gefahr hin, Rangells einflussreiche Metapher über Gebühr zu strapazieren: Mit wem spielt der Patient hier eigentlich?

Weit entfernt von Rangells objektivistisch-richterlicher Metaphorik ist die Idee, dass Therapeutinnen und Therapeuten von einem Punkt außerhalb der Beziehung mit ihren Patientinnen und Patienten über diese Beziehung sprechen könnten, auch eines der Leitprinzipien in vielen zeitgenössischen psychodynamischen Ansätzen, die auf Augenhöhe und Symmetrie in der therapeutischen Beziehung Wert legen. Unter Rückgriff auf das Konzept der »therapeutischen Metakommunikation« (Kiesler, 1988) wird auf die Möglichkeit verwiesen, in hilfreicher Form über die Kommunikation zu kommunizieren. Bei der Metakommunikation handelt es sich um eine Feedbackform, die das kommunikative System von Patient und Therapeut zum Gegenstand der gemeinsamen kollaborativen Erforschung macht. Zum Beispiel in dieser Form: »Ich habe den Eindruck, dass sich in der Art, wie wir gerade miteinander reden, so etwas wie ein Kampf oder ein Ringen um irgendetwas entwickelt hat. Nehmen Sie das auch so wahr?« Oder in der immer wieder gern von Therapeuten an Patienten gerichteten Frage: »Was passiert hier eigentlich gerade zwischen uns?«

Wenn Ausbildungskandidatinnen und -kandidaten in der Supervision sagen, dass sie »in die Beziehung gegangen« seien oder etwas »in die Beziehung geholt« hätten, dann meinen sie damit in der Regel eine solche Form von Metakommunikation. Dabei wird jedoch gerade nicht in die Beziehung, sondern aus der Beziehung heraus und in das gegangen, was man eine Metabeziehung nennen könnte. Man klettert gemeinsam mit dem Patienten auf den Schiedsrichter- oder vielleicht besser: auf den Trainerhochstuhl und schaut kooperativ herunter auf das Spielfeld, auf dem man sich gerade eben noch die Bälle um die Ohren geschlagen hat.

Demgegenüber steht die Überzeugung, zum Beispiel Lacanianischer Analytikerinnen und Analytiker, dass es in der Analyse weder Hochstühle gäbe noch sicheres Festland: »Man kann keine

Metaposition außerhalb der Übertragung einnehmen, indem man sie deutet […], ganz gleich was Therapeutinnen sagen, die behaupten, dass sie ›metakommunizieren‹ können« (Fink, 2013 [2007], S. 204). Aber wenn es kein Entrinnen aus der Übertragung gibt, wozu und wie dann deuten? Lacan (1976, S. 35, eigene Übersetzung) insistierte darauf, dass es der analytischen Deutung nicht darum ginge, vom rationalen Ich des Patienten verstanden zu werden (»Das hier ist ein Impuls, das hier ist die Abwehr und hier, ja, hier haben wir ein Symptom«), sondern darum, »Wellen zu schlagen«, also eine Bewegung anzuregen, die wir auch als die emotionale Bewegung der Übertragung verstehen können.

Hier kommt eine bestimmte Technik der Übertragungsdeutung ins Spiel, die in der deutschsprachigen Psychoanalyse Ende der 1980er Jahre vor verschiedenen theoretischen Hintergründen unabhängig voneinander von mehreren Autoren beschrieben und unterschiedlich benannt wurde: als »ein Spannung erhöhender, ›fiktiver‹ Redemodus, bei dem das Übertragungsangebot deutlicher angenommen wird« (im Gegensatz zu einem »auf den Patienten hinweisenden Redemodus, der dessen psychische Aktivität zur Sprache bringt«; Streeck & Weidenhammer, 1987), als »Deutung in der Übertragung« (im Gegensatz zur »Deutung der Übertragung«; Borens, 1988) und – wohl die bekannteste Formulierung – als »Arbeit *in* der Übertragung« (im Gegensatz zur »Arbeit *an* der Übertragung«; Körner, 1989). Der Analytiker fungiert dabei nicht als außenstehender Beobachter des psychischen Geschehens des Patienten, sondern als lebendiger, reaktionsbereiter Mitspieler.

Zwei Beispiele: Deuten und Stricken

Ich möchte diese Technik verdeutlichen, indem ich zwei unterschiedliche Beispiele gelingenden analytischen Arbeitens einander gegenüberstelle. Das erste stammt aus einer Behandlung des bekannten britischen Psychoanalytikers und Psychotherapieforschers Peter Fonagy.

Die 22-jährige Tochter eines selbstständigen Bauunternehmers und einer ehrgeizigen jungen Anwältin hat, obgleich sie als Vierjährige einen schweren Unfall erlitt, weswegen sie lange Zeit im Krankenhaus verbringen musste, bereits bemerkenswerte akademische und sportliche Erfolge vorzuweisen. Doch all ihre bisherigen Beziehungsversuche scheiterten schmerzhaft, sodass sie nun aus einem Gefühl der Isolation heraus therapeutische Hilfe sucht. Zum ersten Termin erscheint sie so gekleidet, dass dem Analytiker in der Gegenübertragung die Fantasie kommt, die Patientin sei für ein Bewerbungsgespräch zu ihm gekommen. Obgleich er die Patientin in der Interaktion spontan als sympathisch empfindet, scheint sie ihm im Gesprächsverlauf auch etwas oberflächlich und distanziert zu sein. Irgendetwas an ihr wirkt auf ihn nicht echt.

Nach einigen Monaten der Analyse beginnt sich zunehmend ein Muster abzuzeichnen. So eröffnet die Patientin eine Dienstagsstunde damit, sehr weitläufig von einem Projekt zu berichten, das sie gerade im Rahmen ihres Studiums durchführe. Es geht dabei um technische Einzelheiten bei den Tonaufnahmen von Kinderstimmen: Digitalrekorder, Stimmentrennung, Detaildarstellung, Eigenrauschen, Raumwahrnehmung. Samplingraten, Wortbreiten, Bitraten, Samplingraten. Der Analytiker hat den Eindruck, die Patientin würde sich ständig wiederholen und merkt, wie er gelangweilt wird und wie er beginnt, innerlich abzuschweifen und abzuschalten, bis er schließlich kurz davor ist, einzuschlafen. Doch dann erinnert er sich, wie die Patientin ihm davon berichtet hatte, dass ihr Vater sie nach ihrem Unfall zwar mehrmals wöchentlich im Krankenhaus besucht hatte, aber das Leiden und die Schmerzen seiner kleinen Tochter weder gehört noch gefühlt noch etwas dagegen unternommen zu haben schien. Könnte der Vater etwa während der Krankenhausbesuche in ähnlicher Weise abgeschaltet haben, wie es dem Analytiker nun von seiner Gegenübertragung nahegelegt wurde? Während der Analytiker in dieser Weise versucht, seine Gegenübertragung zu verstehen, beendet die Patientin ihre ausschweifende Erzählung mit dem Satz: »›Oh, ich weiß, dass das alles furchtbar langweilig für Sie sein muss‹« (Fonagy, 2004, S. 810, eigene Übersetzung). Darauf entgegnet der Analytiker: »›Ich bin über etwas erstaunt. Mir ist nämlich aufgefallen, dass Sie jetzt wie auch schon zu anderen Zeitpunkten mit mir sprechen, als ob Sie gar keine Hoffnung haben, dass mich das, was Sie sagen, überhaupt interessieren könnte‹« (ebd.). Und nach einem längeren Schweigen fährt er fort: »›Ich habe den Eindruck, dass Sie mich im Moment so erleben, wie Sie Ihren Vater erlebt haben, als er Sie [in Ihrer Kindheit] im Krankenhaus besuchte. Ich glaube, Sie haben sich hoffnungslos daran gewöhnt, dass die Menschen nichts gegen das tun, was Ihnen widerfährt. Die Tatsache, dass Sie mich so behandeln, als ob ich nichts in Bezug auf das, was Sie mir sagen, unternehmen würde, lässt mich vermuten, dass Sie Schmerzen haben oder wegen etwas besorgt sind, das Sie mir nicht sagen‹« (ebd.).

Der Analytiker nimmt seine Gegenübertragung in der Stunde (Gefühl: Langeweile, Müdigkeit; Handlungstendenz: Abschweifen, Abschalten, Einschlafen) wahr und es gelingt ihm, diese als eine – sich auch für den Analytiker zunächst unbewusst vollziehende – Identifikation mit einem der verinnerlichten Objekte der Patientin, nämlich mit dem Vater der Kindheit, zu verstehen. Mit Racker (1957) gesprochen handelt es sich um eine komplementäre Identifizierung in der Gegenübertragung. Der Analytiker kann seine Müdigkeit nun als eine »Gegenübertragungsmüdigkeit« (Zwiebel, 1992) verstehen. Die vom Analytiker auf dem Weg zur Deutung erbrachte »Vorleistung« (Loch, 1965, S. 21) besteht dabei darin, sich den Übertragungsangeboten der Patientin zwar zur Verfügung zu stellen und sich von ihnen befremden und zu Antworten anregen zu lassen – hier etwa abzuschalten und einzuschlafen –, sich dem Sog der Übertragung, sich dem Sog des Schlafes dann jedoch nicht einfach hinzugeben, sondern die passagere Identifikation mit der Gegenübertragung auch wieder lösen zu können um sich der reflexiven Verarbeitung dessen zuzuwenden, was im Analytiker lebendig geworden ist. Jürgen Körner und Ullrich Rosin (1985, S. 38, Anmerkung 9) nannten diesen Prozess aus passagerer Identifikation mit der komplementären Gegenübertragung, also mit den inneren Objekten der Patientin, und dem Sich-Wieder-Lösen-Können aus dieser Identifikation ein »Verkosten der Übertragung«.

Auf objektaler Ebene zeichnen sich zwischen der Patientin und ihrem Analytiker deutlich erkennbar die Konturen einer negativen Vaterübertragung ab. Doch wir können die Szene zugleich auch nach dem Übertragungsmodell der Affektanheftung verstehen: In ihren Assoziationen verfolgt die Patientin mit hoher emotionaler Dringlichkeit etwas, was dem Analytiker zunächst als harmlos-langweilige Nacherzählung des Studienalltags der

Patientin erscheint. Doch schließlich entpuppt sich die von der Patientin in allen technischen Einzelheiten erörterte, möglichst verlustfreie Aufnahme von Kinderstimmen als mäßig entstellte Variante des hilflosen Kreisens der Patientin um den Wunsch, dass eine Kinderstimme klar gehört werde, dass also nachträglich das geschehe, wozu der Vater damals nicht in der Lage gewesen war. Dieser Wunsch ist fest verbunden mit einem enttäuschenden Objekt (Modell »Vater«), von dem die Patientin sich nicht lösen kann und welches sie nun unbewusst in den Objekten ihrer Gegenwart, wie zum Beispiel ihrem Analytiker, wiederzufinden sucht.

Die Intervention, zu der der Analytiker durch die Analyse seiner Gegenübertragung dann gelangt, entspricht vermutlich ziemlich genau dem, was James Strachey (1936 [1934], S. 500) sich unter einer »›mutativen‹ Deutung« vorgestellt hatte: Die Patientin kann einsehen, wie sehr sie in der Gegenwart den unbewältigten Beziehungsentwürfen ihrer Vergangenheit folgt und so unbewusst selbst dazu beiträgt, immer wieder ein vertrautes aber leidvolles Gefühl der Isolation (Modell »Krankenhaus«) herzustellen. Die Intervention des Analytikers enthält an zwei Stellen einen expliziten Verweis auf die Uneigentlichkeit, auf den Als-ob-Charakter der Übertragungsszene. Dieses Als-ob ebnet den Weg dafür, dass sich der Analytiker schließlich selbst als ein Objekt anbieten kann, das in Wirklichkeit die Schmerzen und unausgesprochenen Ängste der Patientin erahnen (»ich vermute, dass Sie Schmerzen haben«) und so im Gegensatz zum Vater die Kinderstimme der Patientin hören kann. Es könnte sich hier um das Angebot einer »korrigierenden emotionellen Erfahrung« (Alexander, 1950, S. 403) handeln: Im emotionalen Erleben des Hier und Jetzt, das sich in heilsamer Weise von der Vergangenheit unterscheidet, sollen dysfunktionale Übertragungsüberzeugungen und -erwartungen entkräftet werden. Aber wird mit dieser therapeutisch überzeugenden Strategie nicht auch etwas Entscheidendes an der Übertragung der Patientin nicht ernst genommen?

Im Sinne der Modellvorstellungen Laplanches können wir diese Übertragungs-Szene auch vor dem Hintergrund rätselhafter Botschaften rekonstruieren. Betrachten wir den Botschaftscharakter des Verhaltens des Vaters der Patientin gegenüber, so könnte eine damit für die Patientin verbundene Rätselfrage gelautet haben: »Was willst Du von mir, wenn Du meine kindliche, leidende Stimme nicht hörst?« In diesem Zusammenhang können wir davon ausgehen, dass die Patientin auf die ihr verfügbare Erinnerung an den traumatischen Krankenhausaufenthalt zurückgreift, um mit dieser Szene ein Rätsel nachträglich in eine erinnerbare Form zu bringen, mit dem sie vermutlich bereits als Neuankömmling – als Erstgeborene zweier junger, ehrgeiziger und beruflich stark eingebundener Eltern, und als ältestes in einer Reihe von insgesamt vier, in sehr kurzen Abständen aufeinander folgenden Geschwistern – konfrontiert wurde. Zwei mögliche Antworten – im Sinne Laplanches: Selbsttheoretisierungen –, die die Patientin im Laufe ihrer Lebensgeschichte auf diese Rätselfrage für sich fand, scheinen zu lauten: »Du willst von mir, dass ich nicht kindlich bin, sondern erwachsen, damit ich für Dich interessant bin« und »Du willst von mir, dass ich Dir nicht Leiden zeige, sondern Erfolge.« In diesem Sinne zumindest bietet sich die Patientin initial ihrem Analytiker an, um dessen Interesse zu wecken und ihn für sich zu gewinnen: Sie zeigt ihre Erfolge vor und präsentiert sich betont erwachsen (Modell »Bewerbungsgespräch«). Und sie ist damit nicht unerfolgreich: Der Analytiker erlebt sie eingangs als »attraktiv und lebendig«, als »fröhlich und wortgewandt«, als »sympathisch, energiegeladen und einnehmend« (Fonagy, 2004, S. 807, eigene Übersetzung). Doch an diesem Modell erweist sich etwas für die Patientin als nicht lebbar. Ein zu großer Rest in der Patientin bleibt unbewältigt und vom Leben abgeschnitten, isoliert. Neben ihren Lösungs- bzw. Übersetzungsversuchen trägt die Patientin so auch ein Rätsel in die analytische Begegnung hinein. Etwas an ihr fehlt, irritiert, wirkt unecht. Der Analytiker ist in der Lage, sich auf die Irritation einzulassen und der Patientin ein Setting anzubieten, welches sie dazu provoziert, nicht nur ihre erfolgreichen Übersetzungsversuche (gefüllte Übertragung) ins analytische Setting hineinzutragen, sondern auch den gescheiterten Teil dieser Übersetzungen, den unbewältigten Teil des ursprünglichen Rätsels (ungefüllte Übertragung) in der Übertragung lebendig werden zu lassen. Was tun mit dieser Lebendigkeit?

Ich möchte der gerade erörterten Sequenz aus Übertragungsangebot, Gegenübertragungsanalyse und genetischer Übertragungsdeutung ein zweites Beispiel zur Seite stellen, das vom

2012 verstorbenen französischen Psychoanalytiker Michel Soulé stammt.

Eine gebildete, in der Forschung tätige Patientin, aufgewachsen mit einer intellektuellen und beruflich stark eingebundenen Mutter, weckt in ihrem Analytiker zunächst die Fantasie einer spannenden und auch für ihn erkenntnisreichen Behandlung. Die ersten vier Monate der Analyse gestalten sich dann jedoch auf ganz andere Weise: Die Patientin nutzt den analytischen Raum für ausgedehnte Beschreibungen der Einzelheiten ihres Alltags: Getätigte oder noch zu erledigende Einkäufe, Joghurt, Brot und Früchte, Widrigkeiten der Straßenverkehrssituation, Unzumutbarkeiten ihres Arbeitsplatzes, an dem die Wände unbedingt mal wieder neu gestrichen werden müssten, Impftermine für ihren jüngsten Sohn, Urlaubsplanung für die Familie und so weiter. Harmlosigkeiten über Harmlosigkeiten. Schließlich hält sie plötzlich mitten in einer solchen Erzählung inne und wendet sich an ihren Analytiker: »›Die Menge an infantilen Banalitäten, die ich erzählen kann, ist unglaublich, aber Sie da, hinter mir, was machen Sie seit vier Monaten, in dieser ganzen Zeit … langweilen Sie sich nicht?‹« (Soulé, 1992, S. 51). Der Analytiker antwortet: »›Oh, ich, ich stricke!‹« (ebd.).

Es handelt sich hier offenbar um eine sehr ähnliche Ausgangssituation wie im vorhergehenden Beispiel. Doch dieser Analytiker gelangt zu einer ganz anderen Intervention. Wenn Sie diese Intervention zunächst rätselhaft finden, dann geht es Ihnen vermutlich ganz ähnlich wie Soulés Analysandin. Was also war hier geschehen? Der Analytiker ließ zu, dass sich über mehrere Monate ein Prozess entwickelte, der, so können wir vermuten, ihm wohl zunächst auch selbst rätselhaft war. In seiner initialen Gegenübertragung hatte der Analytiker schließlich etwas ganz anderes erwartet als Langeweile. Er erlaubt sich aber, seine Vorstellung davon, wie die Patientin sei und/oder wie er sie gerne hätte (»spannend und erkenntnisreich«) innerlich loszulassen und sich für Befremdliches zu öffnen. Die Patientin ihrerseits stellt den analytischen Raum nicht mit mitgebrachten bedeutungsgesättigten Füllseln zu (»ich habe mich nie von meiner Mutter gesehen gefühlt, deswegen fällt mir der Kontakt zu ihr noch immer schwer«), sondern sie bringt Harmloses mit, das Unbewusstem als Anheftungsfläche dienen kann. Die Patientin ist in dieser

Weise, anders als es auf den ersten Blick erscheinen mag, also sehr rasch ins analytische Arbeiten eingestiegen. Der Analytiker widersteht nun der Versuchung, seinerseits den analytischen Raum dadurch zu füllen, dass er der Patientin die unbewusste Bedeutung der von ihr mitgebrachten Harmlosigkeiten entschlüsselnd nachliefert. Er hätte ja auch, parallel zum vorangegangenen Beispiel, der Patientin die Übertragung deuten können, indem er ihr etwa gesagt hätte: »Sie können sich gar nicht vorstellen, dass ich mich, im Gegensatz zu Ihrer vielbeschäftigten Mutter, für das interessiere, was Sie in Ihrem Alltag beschäftigt und besorgt.« Doch dieser Analytiker folgt, ausgehend von einer recht ähnlichen Situation, einem anderen Deutungsmodell: Er deutet nicht die Übertragung, sondern er deutet in der Übertragung. Er nimmt dabei nicht die Position eines wissenden Subjekts ein, das die Patientin darüber aufklären kann, was zwischen ihr und ihrem Analytiker gerade der Fall ist (Übertragungsdeutung als Antwort auf die Frage »Warum tut die Patientin jetzt was mit wem?«; Heimann, 2016 [1956], S. 158). Nein, dieser Analytiker präsentiert sich als Hüter des Rätsels. Seine Deutung erweist sich so selbst zunächst als eine etwas rätselhafte Botschaft an die Patientin.

In der Übertragung zu deuten, bedeutet für den Analytiker die ihm von der Patientin angebotene Objekt-Rolle im Sinne von Sandlers (1976) gleichschwebender Responsivität zunächst einmal anzunehmen und damit den Übertragungswunsch der Patientin ernst zu nehmen. So verzichtet dieser Analytiker in seiner Deutung im Gegensatz zum ersten Beispiel auf die distanzierende Geste des »Als-ob«. Er sagt der Patientin auch nicht, dass sie nicht langweilig sei, oder dass sie für ihn – im Unterscheid zur Mutter – nicht langweilig sei, sondern er eröffnet einen Weg zu den unbewussten Wünschen, denen die Patientin folgt, wenn sie sich anderen als langweilig anbietet. Gespielt wird hier mit einer Rolle im Konfliktfeld zwischen einer gelangweilt-desinteressierten und einer für ihr Kind strickenden und sich dabei mit ihm beschäftigenden Mutter. Die sehr ökonomische Deutungstechnik des Analytikers bietet der Patientin keinen Weg aus der Beziehung heraus in die Metabeziehung, sondern ermöglicht dem analytischen Paar, die im Baquet über vier Monate akkumulierte Energie für weitere Bewegung zu nutzen. So wurde von Freud (1905c, S. 194, Anmerkung) selbst und von mehreren Analytikern der ersten Generation wie Otto Fenichel (2001 [1936], S. 84f.) oder Theodor Reik (1935, S. 64f.) darauf hingewiesen, dass ihre Patientinnen auf eine gelungene Übertragungsdeutung regelmäßig durch eine »Energiebefreiung« reagieren würden, die sich durch eine besondere Form des Lachens äußere. Ein erhellendes Lachen, wie es viele aus sogenannten »Aha-Momenten« kennen werden. Der hier praktizierte Typus von Übertragungsdeutungen verweist so auch auf eine spezifisch psychodynamische Art von therapeutischem Humor und dessen enge Verbindung zur Einsicht (Rugenstein, 2023b).

Deutend geht es dabei weniger darum, der Patientin die Übertragung zu erklären, sondern ihr diese zu zeigen. Der Analytiker deutet nicht für die Patientin, sondern er bringt die Patientin durch seine Intervention in einen Deutungsnotstand, nämlich vor das Rätsel, das sie sich selbst ist. »Deuten« wird hier nicht als hermeneutisches Auslegen praktiziert, sondern als antihermeneutisches An-Deuten. Im Unterschied zum Auslegen und Erklären geht es solchem An-Deuten nicht darum, eine fertig ausformulierte neue Übersetzung anzubieten, sondern darum, aus der vertrauten Ordnung festgefahrener Selbsttheoretisierungen herauszuweisen, indem scheinbar selbstverständliche Übersetzungsschablonen aufgebrochen werden und so zum ursprünglichen Befremden des Rätsels der Übertragung zurückgefunden werden kann.

Übertragung begleiten: Supervision von Übertragung-Gegenübertragung oder Supervision in Übertragung-Gegenübertragung?

Sollten wir in ganz ähnlicher Weise, wie wir eine Gerade von der anthropologischen Grundsituation zur analytischen Situation gezogen und diese »Übertragung« genannt haben, auch eine Gerade von der analytischen Situation zur supervisorischen Situation ziehen, also das Verhältnis von supervidierter Analyse zu Supervision als ein Übertragungsverhältnis verstehen? Die Grundidee, dass sich das Übertragungsverhältnis zwischen Patient und Therapeut auf das Verhältnis zwischen Therapeut und Supervisor überträgt, wird seit Rudolf Ekstein und Robert Wallerstein (1958)

»Parallelprozess-Modell« genannt. Die supervisorische Beziehung wird dabei mehr oder weniger konsequent nach dem Übertragungsmodell verstanden als eine Wiederholung unbewusst gebliebener Aspekte der Patient-Therapeut-Beziehung. Diese Betrachtungsweise erschließt dem supervisorischen Prozess eine wichtige Informationsquelle und führt zugleich vor ein Dilemma, das bereits in ähnlicher Weise auf der Ebene der therapeutischen Situation diskutiert wurde: Wie weit wird psychodynamische Supervision entlang der Allianzdimension konzeptualisiert und wie weit entlang der Übertragungsdimension?

Entlang der Übertragungsdimension müssen strukturelle Parallelen auffallen: Ein Neuankömmling in der Welt der Analyse trifft in der Supervision im Rahmen der Therapieausbildung auf jemanden, der schon eine ganze Weile in diese Welt hineinsozialisiert ist und vermeintlich weiß, wie diese Welt funktioniert und was er in ihr tut. Der Supervisand wird seinem Supervisor zurecht ein Wissen unterstellen, über das er selbst nicht zu verfügen meint und hoffen, dass dieser Mangel sich im Laufe der supervisorischen Arbeit zunehmend weniger mangelhaft anfühlen wird und dass er sich zunehmend selbstständiger in der analytischen Welt – in deren Praxis und in deren Theorien – wird orientieren können. Die supervisorische Beziehung zentriert sich zudem ebenfalls um ein Rätsel, insofern es auch ihr um Unbewusstes geht. Gleichzeitig ist die supervisorische Beziehung, ebenso wie eine Therapie, einer jener Veränderungsprozesse, für die Ed Bordin (1979) sein nicht nur den Bereich der Psychotherapie umfassendes Konzept der »working alliance« entwarf: Eine kooperative Begegnung zwischen einer Person, die Veränderung anstrebt (wie ein Patient oder ein Supervisand), und einer Person, die sich als Vermittler von Veränderung anbietet (wie ein Therapeut oder ein Supervisor).

So gibt es psychodynamische Supervisorinnen und Supervisoren, die die supervisorische Situation nach dem Vorbild der analytischen Situation als eine patientenzentrierte Form der Selbsterfahrung für den Supervisanden gestalten und diesen daher zwar begleiten, aber nicht (oder wenig) anleiten. Dies kann unter Umständen damit einhergehen, den Supervisanden mit der oft recht drängenden Frage »Ja, und was soll ich jetzt *machen*?« auf eine frustrierende Art und Weise allein zu lassen.

Dem gegenüber lässt sich die supervisorische Situation jedoch auch als eine primär pädagogische Szene gestalten, in welcher ein Lehrender Wissen und Können an einen Lernenden überträgt (»Ich hätte an dieser Stelle Folgendes gemacht: ...«; »Hier haben wir es mit einer adhäsiven Pseudo-Objekt-Übertragung zu tun«), damit dieser es dann wiederum nach dem Modell des Lerntransfers (Perkins & Salomon, 1994) in die therapeutische Dyade übertragen, also dort anwenden kann.

Mit großer Wahrscheinlichkeit werden Analytiker, die auch als Supervisoren tätig sind, ihr persönlich präferiertes Modell der analytischen Situation auf die supervisorische Situation übertragen: Verstehe ich mich als Analytiker meinem Patienten gegenüber, wie Rangell (1954) als Schiedsrichter, so werde ich mich im supervisorischen Begleiten einer Analyse vermutlich tendenziell als Trainer verstehen, der vom Spielfeldrand Anweisungen ins Getümmel auf dem Platz ruft. Verstehe ich die Analyse hingegen wie Laplanche (1987) nach dem Modell »Baquet«, so werde ich vielleicht Gefahr laufen, die supervisorische Situation ein Stück zu sehr zu einer rätselhaften Situation werden zu lassen.

Eine behandlungstechnische Unterscheidung, die für das analytische Arbeiten einen recht hohen Stellenwert beanspruchen darf, scheint sich hier auf die supervisorische Situation zu übertragen: Verstehe ich Supervision eher als ein Arbeiten *in* der Übertragung, also in diesem Fall in der Übertragung und Gegenübertragung zwischen Supervisand und Supervisor, die ich als einen Spiegel der Übertragungs-Gegenübertragungs-Prozesse zwischen Patient und Therapeut verstehe? Oder verstehe ich Supervision eher als ein Arbeiten *an* der Übertragung, nämlich an der Übertragung zwischen Patient und Therapeut – von einem mehr oder weniger übertragungsfreien Supervisionsort aus?

Zum Schluss: Ende der Übertragung oder Übertragung der Übertragung?

Was passiert mit der Übertragung nach dem Ende der Analysestunde? Und was passiert mit der Übertragung am Ende und nach dem Ende der Analyse? Sigmund Freud war diesbezüglich vergleichsweise klar: Die Analyse habe es abgesehen auf eine

»Lösung der Übertragung« (Freud, 1905e, S. 280). Die Übertragung solle durch konsequentes Deuten, Durcharbeiten und Bewusstmachen aufgelöst werden, »mit Beendigung der Analyse zerfließe[n]« (Freud, 1895d, S. 310), ja – und hier wird Freud einmal wieder martialisch – durch die Analyse »vernichtet« (Freud, 1905e, S. 281) werden.

Die hier verfolgte Strategie ist deutlich: Übertragungen aufzulösen bedeute für den Analytiker, sie »durch Rückführung auf ihre Quellen von seiner Person abzulösen« (ebd., S. 284). Wir befinden uns hier im Übertragungsmodell »Dora«. Wenn es gelingt, durch Ab- und Auflösung von Übertragungen die Vergangenheit in die Vergangenheit gelangen zu lassen, dann, so die Hoffnung, wird sie als unbewusst lebendige Vergangenheit nicht mehr derart störend-verzerrend in die gegenwärtigen Beziehungen von Patientinnen und Patienten eingreifen und ihnen so in Zukunft ein gelingenderes, weil realitätsbeflisseneres Liebes- und Arbeitsleben ermöglichen.

Ödipus, Protagonist eines der großen psychoanalytischen Mythen und zentrale Gestalt im Wappen der Internationalen Psychoanalytischen Vereinigung, führt uns unter anderem auch vor, dass die Selbstgewissheit desjenigen, der meint, die großen Rätsel ein für alle Mal aufgelöst und so zu einer festen Identität als König gefunden zu haben, eine Illusion ist (Rugenstein, 2022a). Letztlich wird der Rätsellöser seine Augen doch nicht verschließen können vor dem Rätsel, dass er sich selbst ist. In der Vorstellung, die Übertragung ließe sich »vernichten«, steckt so noch ein wenig von jenem ödipalen Erkenntnisoptimismus, der meint, das Rätsel der Übertragung, das Rätsel des Unbewussten, das Rätsel des Anderen nach jenem Vorbild lösen zu können, das Ödipus uns mit dem Rätsel der Sphinx zu geben scheint: Ödipus lieferte die Antwort auf die Rätselfrage, die die Sphinx ihm übertrug (»Was ist das, was eine Stimme hat, aber bald vierfüßig, bald zweifüßig und bald dreifüßig wird?«) und das rätselhafte Monster, so will es die Legende, stürzte sich sogleich in den Tod und ward nie wieder gesehen.

Doch die Analyse bleibt skeptisch angesichts von Antworten, Lösungen, Schlüsseln, Diagnosen und Erklärungen, gerade dann, wenn sie uns selbstverständlich, vollkommen überzeugend und restlos klar erscheinen. Es geht der Analyse nicht darum, etwas abzuschließen, sondern darum, etwas zu öffnen. Wollen wir, Freuds (1937c) ambivalent besetzte Formel von der »unendlichen Analyse« aufgreifend, etwa von der unabschließbaren, der »unendlichen Übertragung« sprechen? Wenn Übersetzen immer notwendig bedeutet, dass Un-Übersetztes, Un-Verstandenes verdrängt werden muss, dann wird der analytische Prozess aus Ent-Übersetzung und Neu-Übersetzung nicht zu einer rest-losen Auflösung des Rätsels führen, das wir uns selbst sind und das uns der Andere ist. Wir können, so die dialektische Pointe, nie nur einsehen, erkennen und verstehen; wir können immer nur $\text{ver}^{\text{stehen}}_{\text{drängen}}$.

So winkt denn nach Vorstellung Laplanches am Ende einer Analyse auch nicht eine vermeintliche »Auflösung« der Rätsel, Konflikte und Widersprüche, sondern vielmehr die Aussicht, Rätsel, Widerspruch und Konflikt für sich in eine neue, in eine lebbarere Form zu bringen. Verwundert es angesichts der vielen Gestalten der Übertragung, die uns bis hierher begegnet sind, jetzt noch zu hören, dass Laplanche das Ende der Analyse nicht als einen Abschluss konzipiert, sondern als – Übertragung?

Eine gelingende Analyse endet nicht mit einer gegen Zweifel abgedichteten, fertig ausformulierten Selbsttheoretisierung, sondern damit, dass das Verhältnis zum Rätsel des Unbewussten nicht wieder verschlossen, sondern als offene Frage mitgenommen und getragen werden kann. Laplanche (2011 [1987], S. 197) nennt dies »Übertragung der Übertragung«: Wenn alles gut läuft, tragen wir einen besseren Kontakt zu unserer eigenen inneren Alterität, zum Rätsel, das wir uns selbst sind und hoffentlich auch bleiben, aus der Analyse mit hinüber ins Leben, um dort ein wenig freier lieben, hassen, arbeiten und – natürlich – übertragen zu können.

Zusammenfassung: Zehn Prinzipien für das Arbeiten mit Übertragung und Gegenübertragung

1. *Arbeite an der Oberfläche:* Interessiere Dich für das Harmlose und Kleine, denn es sind die harmlosen Dinge, an die sich Unbewusstes heftet und die den durch Verdrängung an ihrer ursprünglichen Stelle unverwendbar gewordenen Affekten als Zufluchtsorte dienen.

2. *Folge dem Affekt:* Lasse Dich nicht so sehr von der Frage leiten, für welches Objekt Du in der Übertragung stehen könntest. Arbeite am Punkt der emotionalen Dringlichkeit.

3. *Etabliere und schütze das Setting:* Garantiere Konstanz und halte den Rahmen. Das psychoanalytische Setting ist Übertragung.

4. *Sei abstinent:* Stelle ungefüllten Raum zur Verfügung. Sei das Subjekt, dem Wissen unterstellt wird; sei nicht das Subjekt, das weiß. Enthalte Dich dem Helfenwollen und Verstehenmüssen. Versuche nicht, Patienten im Sinne Deiner Wünsche zu ändern.

5. *Provoziere Übertragungen:* Biete Dich Patienten als ein opakes, rätselhaftes Objekt an und verführe sie so dazu, die ursprüngliche Übertragung, die Beziehung zum Rätsel des Anderen, wieder aufzunehmen. Gestalte die Begegnung zwischen Dir und Deinem Patienten als eine asymmetrische Beziehung, denn erst so kann sie in Resonanz geraten mit der anthropologischen Grundsituation, die auch eine asymmetrische war.

6. *Lasse Dich befremden:* Lasse Gegenübertragung zu, indem Du Dich als Resonanzkörper zur Verfügung stellst. Kultiviere Deine Antwortbereitschaft gegenüber den Dir von Patienten unbewusst unterbreiteten Rollenangeboten. Wenn Du mit einem Patienten arbeitest, den Du bereits kennst und verstanden hast, dann arbeitest Du mit dem falschen Patienten.

7. *Sei zurückhaltend mit sicheren Unterscheidungen:* Die Unterscheidung von Gegenübertragung und Eigenübertragung bzw. von Übertragung und Nichtübertragung ist konzeptuell sinnvoll, jedoch nicht ohne Weiteres auf konkrete Phänomene in der Praxis anwendbar. Sie dient in der Praxis oftmals Abwehrzwecken.

8. *Ent-übersetze:* Biete Patienten keine Übersetzungen an, sondern nimm ihnen ihre vertrauten Übersetzungen weg. Sei ein Anti-Hermeneutiker. Das Finden neuer Übersetzungen ist nicht Deine Aufgabe, sondern die Aufgabe des Patienten.

9. *Deute in der Übertragung,* denn es gibt kein Außerhalb.

10. *Ermögliche eine Übertragung der Übertragung:* Arbeite nicht darauf hin, das Verhältnis zum Rätsel des Anderen am Ende der Analyse (wieder) abzuschließen, sondern es lebendig zu halten und so ins Leben zu übertragen.

Literatur

Aichhorn, T. (2019). *»Freud arbeiten lassen«. Die Dynamisierung der Sexualtheorie durch Jean Laplanche. Eine Einführung.* Frankfurt: Brandes & Apsel.

Alexander, F. (1950). Analyse der therapeutischen Faktoren in der psychoanalytischen Behandlung. *Psyche, 4,* 401–416.

Angeloch, D. (2014). *Die Beziehung zwischen Text und Leser. Grundlagen und Methodik psychoanalytischen Lesens.* Gießen: Psychosozial-Verlag.

Anzieu, D. (1990 [1988]). *Freuds Selbstanalyse. Band 1: 1895–1898.* Stuttgart: Verlag Internationale Psychoanalyse.

Arundale, J. & Bellman, D.B. (Hrsg.). (2011). *Transference and countertransference – a unifying focus of psychoanalysis.* London: Karnac.

Bailly, J.S. (Hrsg.). (1800 [1784]). Rapport secret sur le Mesmérisme. *Le conservateur ou recueil de morceaux inédits d'histoire, de politique, de littérature et de philosophie 1,* 146–155.

Bayer, L. & Quindeau, I. (Hrsg.). (2004). *Die unbewusste Botschaft der Verführung. Interdisziplinäre Studien zur Verführungstheorie Jean Laplanches.* Gießen: Psychosozial-Verlag.

Bermont, H.I. & Perl, S. (1964). *Psychoanalysis is a great big help.* London: Frederick Muller.

Bernheim, H. (1888). *Die Suggestion und ihre Heilwirkung* (übersetzt und mit Anmerkungen versehen v. Sigmund Freud). Leipzig: Deuticke.

Bion, W.R. (1990 [1962]). *Lernen durch Erfahrung.* Frankfurt: Suhrkamp.

– (1991 [1967]). Anmerkungen zu Erinnerung und Wunsch. In E. Bott Spillius (Hrsg.), *Melanie Klein Heute* (Band 2: Anwendungen, S. 22–28). Stuttgart: Verlag Internationale Psychoanalyse.

– (2006 [1970]). *Aufmerksamkeit und Deutung.* Frankfurt: edition diskord.

Bollas, C. (2006). Übertragungsdeutung als ein Widerstand gegen die freie Assoziation. *Psyche, 60,* 932–947.

Bordin, E. (1979). The generalizability of the psychoanalytic concept of the working alliance. *Psychotherapy, 16,* 252–260.

Borens, R. (1988). Deutung der Übertragung oder Deutung in der Übertragung. *RISS – Zeitschrift für Psychoanalyse, 59,* 22–41.

Born, M. & Rugenstein, K. (2018). Hindernisse einer Lektüre von Freuds »Die endliche und die unendliche Analyse«. In C. Zittel & M. Born (Hrsg.), *Literarische Denkformen* (S. 171–198). Paderborn: Wilhelm Fink.

Bott Spillius, E. (2007). Projektive Identifizierung. Zurück in die Zukunft. In C. Frank & H. Weiß (Hrsg.), *Projektive Identifizierung. Ein Schlüsselkonzept der psychoanalytischen Therapie* (S. 130–154). Stuttgart: Klett-Cotta.

Charcot, J.-M. (1892–94 [1888]). *Poliklinische Vorträge.* Band 1 (übersetzt und mit Anmerkungen versehen v. Sigmund Freud). Leipzig: Deuticke.

Chertok, L. (1968). The Discovery of the Transference. Toward an epistemological interpretation. *International Journal of Psychoanalysis, 49,* 560–576.

Cohn, F. (1928). Aus der Analyse eines Falles von Straßenangst. *Internationale Zeitschrift für Psychoanalyse, 14,* 387–400.

Davies, J.K. & Fichtner, G. (Hrsg.). (2006). *Freuds Bibliothek. Vollständiger Katalog.* Tübingen: Edition diskord.

Deutsch, H. (1926). Okkulte Vorgänge während der Psychoanalyse. *Imago, 12,* 418–433.

Dittrich, K.A. (2024). Die Zerstörung des analytischen Raumes in der Dynamik zwischen Marilyn Monroe und Ralph Greenson. *Psyche, 78,* 399–428.

Doğan, C. (2024). Die Bereitschaft zur »inneren Diversität« im Übertragungsgeschehen jenseits heterosexueller Liebesordnungen. *Forum der Psychoanalyse, 40,* 163–175.

Ekstein, R. & Wallerstein, R. (1958). *The teaching and learning of psychoanalysis.* New York: International Universities Press.

Ennemoser, J. (1852). *Anleitung zur Mesmerischen Praxis.* Stuttgart: Cotta.

Etchegoyen, R.H. (1991). *The fundamentals of psychoanalytic technique.* London: Karnac.

Fenichel, O. (1935). Zur Theorie der psychoanalytischen Technik. *Internationale Zeitschrift für Psychoanalyse, 21,* 78–95.

– (2001 [1936]). *Probleme der psychoanalytischen Technik.* Gießen: Psychosozial-Verlag.

Ferenczi, S. (1909). Introjektion und Übertragung. *Jahrbuch für psychoanalytische und psychopathologische Forschung, 1,* 422–457.

– (1915) Psychogene Anomalien der Stimmlage. *Internationale Zeitschrift für Psychoanalyse, 3,* 25–28.

– (1933). Sprachverwirrung zwischen den Erwachsenen und dem Kind (Die Sprache der Zärtlichkeit und der Leidenschaft). *Internationale Zeitschrift für Psychoanalyse, 19,* 5–15.

Ferenczi, S. & Rank, O. (1924). *Entwicklungsziele der Psychoanalyse. Zur Wechselbeziehung von Theorie und Praxis.* Wien: Internationaler Psychoanalytischer Verlag.

Fink, B. (2013 [2007]). *Grundlagen der psychoanalytischen Technik. Eine Lacanianische Annäherung für klinische Berufe.* Wien: Turia + Kant.

Flückiger, C., Del Re, A.C., Wampold, B.E. & Horvath, A.O. (2019). Alliance in adult psychotherapy. In J.C. Norcross & M.J. Lambert (Hrsg.), *Psychotherapy relationships that work: Evidence-based therapist contributions* (S. 24–78). Oxford: Oxford University Press.

Fonagy, P. (2004). Miss A. *International Journal of Psychoanalysis, 85,* 807–822.
Freud, S. (1888b). Artikel »Gehirn« und »Hysterie«. *SFG 2*, 222–260.
– (1888–89a). Vorrede des Übersetzers [zu Bernheim: Die Suggestion und ihre Heilwirkung]. *GW Nachtragsband*, 109–120.
– (1889a). Rezension von Forel: Der Hypnotismus. *GW Nachtragsband,* 125–139.
– (1889c). Rezension von Belloni: Ueber die centrale Endigung des nervus opticus bei den Vertebraten. *SFG 2,* 348–350.
– (1891b). Zur Auffassung der Aphasien. Eine kritische Studie. *SFG 3,* 15–106.
– (1892–94a). Vorwort des Übersetzers [zu Charcot: Poliklinische Vorträge]. *GW Nachtragsband,* 153–157.
– (1894a). Die Abwehr-Neuropsychosen. *GW 1,* 59–74.
– (1895c). Obsessions et phobies. Leur mécanisme psychique et leur étiologie. *GW 1,* 345–353
– (1895d). Studien über Hysterie. *GW 1,* 75–312.
– (1896c). Zur Ätiologie der Hysterie. *GW 1,* 425–459.
– (1900a). Die Traumdeutung. *GW 2/3.*
– (1901b). Zur Psychopathologie des Alltagslebens. *GW 4.*
– (1905a). Über Psychotherapie. *GW 5*, 13–26.
– (1905c). Der Witz und seine Beziehung zum Unbewußten. *GW 6.*
– (1905e). Bruchstück einer Hysterie-Analyse. *GW 5,* 161–286.
– (1905e/1905). Bruchstück einer Hysterie-Analyse. *Monatsschrift für Psychiatrie und Neurologie, 18,* 285–310 und 408–467.
– (1908c). Über infantile Sexualtheorie. *GW 7,* 171–188.
– (1909d). Bemerkungen zu einem Fall von Zwangsneurose. *GW 7,* 379–463.
– (1910c). Eine Kindheitserinnerung des Leonardo da Vinci. *GW 8,* 127–211.
– (1910d). Die zukünftigen Chancen der psychoanalytischen Therapie. *GW 8,* 104–115.
– (1910k). Über »wilde« Psychoanalyse. *GW 8,* 118–125.
– (1912b). Zur Dynamik der Übertragung. *GW 8,* 364–374.
– (1912e). Ratschläge für den Arzt bei der psychoanalytischen Behandlung. *GW 8,* 376–387.
– (1913c). Zur Einleitung der Behandlung. *GW 8,* 454–478.
– (1914c). Zur Einführung des Narzißmus. *GW 10,* 137–170.
– (1914d). Zur Geschichte der psychoanalytischen Bewegung. *GW 10*, 43–113.
– (1914g). Erinnern, Wiederholen und Durcharbeiten. *GW 10,* 126–136.
– (1915a). Bemerkungen über die Übertragungsliebe. *GW 10,* 306–321.
– (1916–17a). Vorlesungen zur Einführung in die Psychoanalyse. *GW 11.*
– (1920g). Jenseits des Lustprinzips. *GW 13,* 1–69.
– (1921c). Massenpsychologie und Ich-Analyse. *GW 13,* 71–161.
– (1923a). Artikel »Libidotheorie« und »Psychoanalyse«. *GW 12,* 211–233.
– (1923b). Das Ich und das Es. *GW 13,* 237–289.
– (1925d). Selbstdarstellung. *GW 11,* 117–182.
– (1926e). Die Frage der Laienanalyse. *GW 14,* 207–286.
– (1932c). Meine Berührung mit Josef Popper-Lynkeus. *GW 16,* 261–266.

– (1933a). Neue Folge der Vorlesungen zur Einführung in die Psychoanalyse. *GW 15.*
– (1936b). Vorwort [zu R. Sterba, Handwörterbuch der Psychoanalyse]. *GW Nachtragsband,* 761.
– (1937c). Die endliche und die unendliche Analyse. *GW 16,* 59–99.
– (1940a [1938]). Abriß der Psychoanalyse. *GW 17,* 63–138.
– (1950c [1895]). Entwurf einer Psychologie. *GW Nachtragsband,* 387–477.
– (1960a). *Briefe 1873–1939.* Frankfurt: Fischer.
– (1963a). Briefe an Oskar Pfister. In S. Freud & O. Pfister, *Briefe 1909–1939.* Frankfurt: Fischer.
– (1974a). Briefe an C.G. Jung. In S. Freud & C.G. Jung, *Briefwechsel.* Frankfurt: Fischer.
– (1985c). *Briefe an Wilhelm Fließ 1887–1904.* Frankfurt: Fischer.
– (1989a). *Jugendbriefe an Eduard Silberstein 1871–1881.* Frankfurt: Fischer.
– (1992a). Briefe an Ludwig Binswanger. In S. Freud & L. Binswanger, *Briefwechsel.* Frankfurt: Fischer.
– (1992g). Briefe an Sandor Ferenczi. In S. Freud & S. Ferenczi, *Briefwechsel.* Wien: Böhlau.
Gelso, C.J. (2014). A tripartite model of the therapeutic relationship: Theory, research, and practice. *Psychotherapy Research, 24,* 117–131.
Gelso, C.J. & Hayes, J.A. (1998). *The psychotherapy relationship: Theory, research and practice.* New York: Wiley.
Gill, M.M. (1996 [1982]). *Die Übertragungsanalyse. Theorie und Technik.* Frankfurt: Fischer.
Greenson, R.R. (1965). The Working Alliance and the Transference Neurosis. *Psychoanalytic Quarterly, 34,* 155–181.
– (1973 [1967]). *Technik und Praxis der Psychoanalyse.* Stuttgart: Ernst Klett.
Grimm, J. & Grimm, W. (1852ff). *Deutsches Wörterbuch.* Leipzig: Hirzel.
Grinberg, L. (1958). Aspectos mágicos en la transferencia y en la contratransferencia: Identificación y contraidentificación proyectivas. *Revista de Psicoanàlisis, 15,* 341–368.
Grosskurth, P. (1992). *Melanie Klein. Ihre Welt und ihr Werk.* Stuttgart: Verlag Internationale Psychoanalyse.
Gumz, A., Rugenstein, K. & Munder, T. (2018). Allianz-Fokussiertes Training: Schulenübergreifender Weg zum Umgang mit Krisen in der therapeutischen Beziehung. *Psychotherapeut, 63,* 55–61.
Gysling, A. (2009). *Die analytische Antwort. Eine Geschichte der Gegenübertragung in Form von Autorenportraits.* Gießen: Psychosozial-Verlag.
Hann-Kende, F. (1936). Zur Übertragung und Gegenübertragung in der Psychoanalyse. *Internationale Zeitschrift für Psychoanalyse, 22,* 478–486.
Haynal, A. (1989). *Die Technik-Debatte in der Psychoanalyse. Freud, Ferenczi, Balint.* Frankfurt: Fischer.
Heimann, P. (2016 [1950]). Zur Gegenübertragung. In dies., *Gegenübertra-*

gung und andere Schriften zur Psychoanalyse (S. 111–117). Stuttgart: Klett-Cotta.

– (2016 [1956]). Die Dynamik der Übertragungsdeutungen. In dies., *Gegenübertragung und andere Schriften zur Psychoanalyse* (S. 149–164). Stuttgart: Klett-Cotta.

– (2016 [1960]). Bemerkungen zur Gegenübertragung. In dies., *Gegenübertragung und andere Schriften zur Psychoanalyse* (S. 199–209). Stuttgart: Klett-Cotta.

Herold, R. (1995). *Übertragung und Widerstand. Rekonstruktion und Evaluation einer Methode zur Untersuchung von Übertragungswiderständen in psychoanalytischen Therapien.* Ulm: Ulmer Textbank.

Heuft, G. (1990). Bedarf es eines Konzeptes der Eigenübertragung? *Forum der Psychoanalyse, 6,* 299–315.

Hock, U. (2024). *Die rätselhaften Botschaften des Anderen. Zum Werk Jean Laplanches.* Gießen: Psychosozial-Verlag.

Hustvedt, A. (2011). *Medical Muses. Hysteria in nineteenth century Paris.* London: Bloomsbury.

Jacobs, T.J. (1986). On countertransference enactment. *Journal of the American Psychoanalytic Association, 34,* 289–307.

Jacobs, T.J. (1999). Countertransference past and present. A review of the concept. *International Journal of Psychoanalysis, 80*, 575–594.

Jung, C.G. (1911). Wandlungen und Symbole der Libido. Beiträge zur Entwicklungsgeschichte des Denkens. Erster Teil. *Jahrbuch für psychoanalytische und psychopathologische Forschungen, 3,* 120–227.

– (1974). Briefe an Sigmund Freud. In S. Freud & C.G. Jung, *Briefwechsel.* Frankfurt: Fischer.

Kiesler, D.J. (1988). *Therapeutic metacommunication. Therapist impact disclosure as feedback in psychotherapy.* Palo Alto: Consulting Psychologists Press.

King, V. (2006). Faszination und Anstößigkeit: Der »Fall Dora« im Entstehungs- und Veränderungsprozess der Psychoanalyse. *Psyche, 60,* 978–1004.

– (1995). *Die Urszene der Psychoanalyse. Adoleszenz und Geschlechterspannung im Fall Dora.* Stuttgart: Verlag Internationale Psychoanalyse.

Klein, M. (1932). *Die Psychoanalyse des Kindes.* Wien: Internationaler Psychoanalytischer Verlag.

– (1946). Notes on some Schizoid Mechanisms. *International Journal of Psychoanalysis, 27,* 99–110.

Kleine, S. (1995). Der Rapport zwischen tierischem Magnetismus und Hypnotismus. *Würzburger medizinhistorische Mitteilungen, 13,* 299–330.

Kohl, K. (2007). *Metapher.* Stuttgart: Metzler.

Kohut, H. (1989 [1984]). *Wie heilt die Psychoanalyse?* Frankfurt: Suhrkamp.

Konersmann, R. (2011). Vorwort zur dritten Auflage. In R. Konermann (Hrsg.), *Wörterbuch der philosophischen Metaphern* (3. Auflage). Darmstadt: WBG.

Körner, J. (1989). Arbeit an der Übertragung? Arbeit in der Übertragung! *Forum der Psychoanalyse, 5,* 209–223.

– (2017). Unsere Deutungen. *Forum der Psychoanalyse, 33,* 311–318.

– (2018). *Die Psychodynamik von Übertragung und Gegenübertragung.* Göttingen: Vandenhoeck & Ruprecht.

Körner, J. & Rosin, U. (1985). Das Problem der Abstinenz in der Psychoanalyse. *Forum der Psychoanalyse, 1,* 23–47.

Krutzenbichler, S. & Essers, H. (2010). *Übertragungsliebe. Psychoanalytische Erkundungen zu einem brisanten Phänomen.* Gießen: Psychosozial-Verlag.

Kurz, T. & Swita, K. (2019). Die Übertragung in Theorie und Praxis bei Freud und seinen Schülern. *Zeitschrift für psychoanalytische Theorie und Praxis, 34,* 11–52.

Lacan, J. (1976). Conférences et entretiens dans des universités nord-américaines. *Scilicet, 6/7,* 5–63.

– (1978 [1964]). *Das Seminar Buch XI: Die vier Grundbegriffe der Psychoanalyse.* Olten: Walter.

– (2016 [1956]). Funktion und Feld des Sprechens und der Sprache in der Psychoanalyse. In ders., *Schriften I* (S. 278–381). Wien: Turia + Kant.

Lakoff, G. & Johnson, M. (1980). *Metaphors we live by.* Chicago: University of Chicago Press.

Laplanche, J. (1987). *Problématiques V: Le baquet. Transcendance du transfert.* Paris: PUF.

– (1988 [1984]). Der Trieb und sein Quell-Objekt; sein Schicksal in der Übertragung. In ders., *Die allgemeine Verführungstheorie und andere Aufsätze* (S. 121–147). Tübingen. Edition diskord.

– (1996a [1992]). Von der Übertragung und ihrer Provokation durch den Analytiker. In ders., *Die unvollendete kopernikanische Revolution in der Psychoanalyse* (S. 177–201). Frankfurt: Fischer.

– (1996b). Der (sogenannte) Todestrieb: ein sexueller Trieb. *Zeitschrift für psychoanalytische Theorie und Praxis, 11,* 10–26.

– (1998). Die Psychoanalyse als Anti-Hermeneutik. *Psyche, 52,* 605–618.

– (2004). Die rätselhaften Botschaften des Anderen und ihre Konsequenz für den Begriff des »Unbewußten« im Rahmen der Allgemeinen Verführungstheorie. *Psyche, 58,* 898—913.

– (2011 [1987]). *Neue Grundlagen für die Psychoanalyse.* Gießen: Psychosozial-Verlag.

– (2021 [1997]). Mythos und Theorie in der Psychoanalyse. *Psyche, 75,* 710–736.

– (2022 [2006]). *Nachträglichkeit. Problemstellungen VI.* Gießen: Psychosozial-Verlag.

Lessing, G.E. (1904). *Briefe. Erster Teil. Gotthold Ephraim Lessings sämtliche Schriften.* Band 17. Leipzig: Göschen.

Little, M. (1998 [1951]). Gegenübertragung und die Reaktion des Patienten. *Forum der Psychoanalyse, 14,* 162–175

Loch, W. (1965). Übertragung – Gegenübertragung. Anmerkungen zur Theorie und Praxis. *Psyche, 19,* 1–23.

Macalpine, I. (1950). The Development of the Transference. *Psychoanalytic Quarterly, 19*, 501–539.

Mertens, W. (2023). *Psychoanalytische Schulen im Gespräch über die Konzepte Jean Laplanches.* Gießen: Psychosozial-Verlag.

Mesmer, F. A. (1785). *Lehrsäzze.* Straßburg: Akademische Buchhandlung.

– (1800 [1799]). *Ueber meine Entdeckungen.* Jena: Stahl.

– (1814). *Mesmerismus. Oder System der Wechselwirkungen, Theorie und Anwendung des thierischen Magnetismus als die allgemeine Heilkunde zur Erhaltung des Menschen* (hrsg. v. K. C. Wolfart). Berlin: Nikolai.

– (1985 [1779]). *Abhandlung über die Entdeckung des thierischen Magnetismus.* Tübingen: Archiv der Edition diskord.

Money-Kyrle, R. (2003 [1956]). Normale Gegenübertragung und mögliche Abweichungen. In C. Frank & H. Weiß (Hrsg.), *Normale Gegenübertragung und mögliche Abweichungen. Zur Aktualität von R. Money-Kyrles Verständnis des Gegenübertragungsprozesses* (S. 19–36). Tübingen: edition diskord.

Morgenthaler, F. (1978). *Technik. Zur Dialektik der psychoanalytischen Praxis.* Frankfurt: Syndikat.

Müller-Pozzi, H. (2008). *Eine Triebtheorie für unsere Zeit. Sexualität und Konflikt in der Psychoanalyse.* Bern: Huber.

Munder, T., Lorenz, A. M. & Gumz, A. (2016). Was ist eine Übertragungsdeutung? Eine konzeptuelle und empirische Studie. *Psychodynamische Psychotherapie, 15*, 197–205.

Nissen, B. (2019). Liebe in der analytischen Beziehung. *Forum der Psychoanalyse, 35*, 243–252.

Nunberg, H. & Federn, E. (Hrsg.). (1977). *Protokolle der Wiener Psychoanalytischen Vereinigung.* Frankfurt: Fischer.

Passett, P. (2006). *Einführung in das Denken Jean Laplanches.* Vortrag auf der Wartegg-Tagung am 17. und 18. November 2006. Unveröffentlichtes Manuskript.

Perkins, D. N. & Salomon, G. (1994). Transfer of Learning. In T. Husén & T. N. Postlethwaite (Hrsg.), *The International Encyclopedia of Education* (2. Auflage, Band 11, S. 425–441). Oxford: Pergamon.

Pietzcker, C. (1992). *Lesend interpretieren. Zur psychoanalytischen Deutung literarischer Texte.* Würzburg: Königshausen & Neumann.

Portmann, A. (1956). *Zoologie und das neue Bild vom Menschen. Biologische Fragmente zu einer Lehre vom Menschen.* Hamburg: Rowohlt.

Racker, H. (1952). Observaciones sobre la contratransferencia como instrument técnico. Communicación preliminar. *Revista de Psicoanálisis, 9*, 342–354.

– (1953). A Contribution to the Problem of Counter-Transference. *International Journal of Psychoanalysis, 34*, 313–324.

– (1957). The Meanings and Uses of Countertransference. *Psychoanalytic Quarterly, 26*, 303–357.

– (1978 [1960]). *Übertragung und Gegenübertragung. Studien zur psychoanalytischen Technik.* München: Reinhardt.

Rahn, H. (Hrsg.). (1995). *Quintilianus: Ausbildung des Redners. Zwölf Bücher.* Darmstadt: WBG.

Rangell, L. (1954). Similarities and Differences Between Psychoanalysis and Dynamic Psychotherapy. *Journal of the American Psychoanalytic Association, 2*, 734–744.

Rank, O. (1910). Bericht über die II. private psychoanalytische Vereinigung in Nürnberg am 30. und 31. März 1910. *Jahrbuch für psychoanalytische und psychopathologische Forschung, 2,* 731–742.

Reich, W. (1933). *Charakteranalyse. Technik und Grundlagen für studierende und praktizierende Analytiker.* Wien: Internationaler Psychoanalytischer Verlag/Selbstverlag des Verfassers.

Reik, T. (1935). *Der überraschte Psychologe. Über Erraten und Verstehen unbewusster Vorgänge.* Leiden: Sijthoff.

Reinke, E. (1995). Wir alle arbeiten mit der Gegenübertragung. Methodenkritische Anmerkungen auf der Grundlage der Auffassungen von Paula Heimann. *Luzifer Amor. Zeitschrift für Geschichte der Psychoanalyse, 15,* 43–60.

Rugenstein, K. (2019a). *Freie Assoziation und gleichschwebende Aufmerksamkeit. Arbeiten mit der psychoanalytischen Methode.* Göttingen: Vandenhoeck & Ruprecht.

– (2019b). Deuten und Flirten. Zum Arbeiten in der Übertragungsliebe. *Forum der Psychoanalyse, 35,* 227–241.

– (2021). *Die Sexualität der Psychoanalyse. Zur Bedeutung des Sexuellen in Theorie und Behandlungstechnik.* Göttingen: Vandenhoeck & Ruprecht.

– (2022a). Die Dialektik der psychoanalytischen Aufklärung. *Forum der Psychoanalyse, 38,* 77–88.

– (2022b). Zigarre. In T. Nolte & K. Rugenstein (Hrsg.), *365xFreud. Ein Lesebuch für jeden Tag* (S. 102). Stuttgart: Klett-Cotta.

– (2023a). Jean Laplanches Resexualisierung der Psychoanalyse. *Psyche, 77,* 250–276.

– (2023b). »Haha!« und »Aha!« – Der Humor der Psychoanalyse. *Psyche, 77,* 1074–1103.

– (2024). Woher kommt das Sexuelle? *Kinder- und Jugendlichenpsychotherapie. Zeitschrift für Psychoanalyse und Tiefenpsychologie, 55,* 247–262.

Safran, J. & Muran, C. (2000). *Negotiating the Therapeutic Alliance. A Relational Treatment Guide.* New York: Guilford.

Salyard, A. (1992) Freud's Narrow Escape and the Discovery of Transference. *Psychoanalytic Psychology, 9,* 347–367.

Sandler, J. (1976). Countertransference and Role-responsiveness. *International review of Psycho-Analysis, 3,* 43–47.

Schmidt, A. (2010 [1970]). *Zettel's Traum.* Bargfelder Ausgabe, Werkgruppe IV, Band 1. Berlin: Suhrkamp.

Schmitt, A. (Hrsg.). (2008). *Aristoteles: Poetik. Aristoteles Werke in deutscher Übersetzung.* Band 5. Berlin: Akademie Verlag.

Schott, H. (1987). Zum Begriff der Übertragung. Mesmerismus – Hypnotismus – Psychoanalyse. *Praxis der Psychotherapie und Psychosomatik, 32,* 178–183.

Sibly, E. (1794). *A key to physic and the occult sciences.* London: Champante and Whitrow.

Soulé, M. (1992). Die Mutter, die genug strickt. *Zeitschrift für psychoanalytische Theorie und Praxis, 18,* 51–60.

Stekel, W. (1911). Die verschiedenen Formen der Übertragung. *Zentralblatt für Psychoanalyse, 2,* 27–30.

Sterba, R. (1934a). Das Schicksal des Ich im therapeutischen Verfahren. *Internationale Zeitschrift für Psychoanalyse, 20,* 66–73.

– (1934b). The Fate of the Ego in Analytic Therapy. *International Journal of Psychoanalysis, 15,* 117–126.

– (1936–37). *Handwörterbuch der Psychoanalyse.* Wien: Internationaler Psychoanalytischer Verlag.

Stone, L. (1973 [1961]). *Die psychoanalytische Situation.* Frankfurt: Fischer.

Storck, T. (2020). *Übertragung.* Stuttgart: Kohlhammer.

– (2021). Die Gegenübertragungs-Jukebox. *Psyche, 75,* 1174–1178.

Strachey, J. (1936 [1934]). Die Grundlage der therapeutischen Wirkung der Psychoanalyse. *Internationale Zeitschrift für Psychoanalyse, 21,* 486–516.

– (1962). The Emergence of Freud's Fundamental Hypotheses, Appendix to the Neuro-Psychoses of Defence. In ders. (Hrsg.), *The Standard Edition of the Complete Psychological Works of Sigmund Freud* (Band 3, S. 62–68). London: Hogarth Press.

– (1966). General preface. In ders. (Hrsg.), *The Standard Edition of the Complete Psychological Works of Sigmund Freud* (Band 1, S. xiii-xxvi). London: Hogarth Press.

Streeck, U. & Weidenhammer, B. (1987). Zum Redeverhalten des Analytikers im Übertragungsgeschehen. *Psyche, 41,* 60–75.

Thomä, H. (1999). Zur Theorie und Praxis von Übertragung und Gegenübertragung im psychoanalytischen Pluralismus. *Psyche, 53,* 820–872.

Thomä, H. & Kächele, H. (1985). *Lehrbuch der psychoanalytischen Therapie. Band 1: Grundlagen.* Berlin: Springer.

Ulberg, R., Amlo, S. & Høglend, P. (2014). Manual for transference work scale; a micro-analytical tool for therapy process analyses. *BMC Psychiatry, 14,* 291–304.

Waldenfels, B. (1994). *Antwortregister.* Frankfurt: Suhrkamp.

Wampold, B.E., Imel, Z.E. & Flückiger, C. (2018). *Die Psychotherapie-Debatte. Was Psychotherapie wirksam macht.* Bern: Hogrefe.

Weiß, H. (2007). Projektive Identifizierung und Durcharbeiten in der Gegenübertragung – ein mehrphasiges Modell. In C. Frank & H. Weiß (Hrsg.), *Projektive Identifizierung. Ein Schlüsselkonzept der psychoanalytischen Therapie* (S. 179–202). Stuttgart: Klett-Cotta.

Whitman, R.M., Kramer, M. & Baldridge, B.J. (1969). Dreams about the Patient – An Approach to the Problem of Countertransference. *Journal of the American Psychoanalytic Association, 17,* 702–727.

Will, H. (2001). Die Handhabung der Übertragung. *Forum der Psychoanalyse, 17,* 207–234.

Winnicott, D.W. (1973 [1969]). Objektverwendung und Identifizierung. In ders., *Vom Spiel zur Kreativität* (S. 101–110). Stuttgart: Klett-Cotta.

– (2020 [1949]). Hass in der Gegenübertragung. In ders., *Von der Kinderheilkunde zur Psychoanalyse* (S. 67–78). Gießen: Psychosozial-Verlag.

Yeomans, F.E., Clarkin, J.F. & Kernberg, O.F. (2017 [2015]). *Übertragungsfokussierte Psychotherapie für Borderline-Patienten. Das TFP-Praxismanual.* Stuttgart: Schattauer.

Zetzel, E. (1956). Current Concepts of Transference. *International Journal of Psychoanalysis, 37,* 369–375.

Zwiebel, R. (1992). *Der Schlaf des Analytikers. Die Müdigkeitsreaktion in der Gegenübertragung.* Stuttgart: Verlag International Psychoanalyse.

Psychosozial-Verlag

Jean Laplanche

Ein biologistischer Irrweg in Freuds Sexualtheorie

2021 · 135 Seiten · Broschur
ISBN 978-3-8379-3014-6

»Problématiques« nannte Jean Laplanche seine Vorlesungen zu jeweils einer grundlegenden Problemstellung der Psychoanalyse. Im siebten und abschließenden Vorlesungszyklus aus den Jahren 1991/92 folgt er der Frage nach dem Ursprung der infantilen Sexualität und dekonstruiert dabei Freuds Theorie, wie sie insbesondere in den *Drei Abhandlungen zur Sexualtheorie* entwickelt wird.

Laplanche kritisiert Freuds zentralen Begriff der Anlehnung als eine biologistische Verirrung, in der sexuelle Triebe fälschlich endogen aus den Selbsterhaltungsinstinkten des Säuglings abgeleitet würden. In seinem eigenen exogenen Ansatz ist es dagegen der erwachsene »Andere«, der durch seine rätselhaften Botschaften die Geburt der infantilen Sexualität in Gang setzt.

Mit diesem Band liegt die Vorlesung erstmals auf Deutsch vor. Er wird abgerundet durch einen Vortrag von 1997, in dem Laplanche die Unterscheidung zwischen Biologismus und Biologie einführt.